Uyldert · Die Entdeckung von Mittelerde

HEINRICH HUGENDUBEL VERLAG
IRISIANA

Mellie Uyldert hat im Laufe ihres langen Lebens viele Bücher geschrieben: Über Heilkunde, Ernährung, Astrologie, die Symbolik von Märchen und Kinderreimen. Sie gibt Kurse und hält Vorträge über naturgesetzliche Lebensführung und Heilkräuter.

Auskünfte und Informationen:
Mellie Uyldert
Lomanlaan 7
NL-1405 BK Bussum

Mellie Uyldert

Die Entdeckung von Mittelerde

Symbolik von Tolkiens »Der Herr der Ringe«

Hugendubel

Aus dem Holländischen übersetzt von Sjoerd und Oli Niemeyer
Die Originalausgabe erschien unter dem Titel Symboliek van Tolkiens 'In de ban van de ring'

CIP-Titelaufnahme der Deutschen Bibliothek
Uyldert, Mellie:
Die Entdeckung von Mittelerde / Mellie Uyldert. [Aus d. Holländ. übers. von Sjoerd u. Oli Niemeyer]. – München: Hugendubel, 1988
(Irisiana)
Einheitssacht.: Symboliek van Tolkien's "In de ban van de ring"
ISBN 3-88034-368-3

Dieses Buch erschien erstmals 1980 beim Mutter Erde Verlag in deutscher Sprache. Die vorliegende Neuauflage erscheint anläßlich des 80. Geburtstages von Mellie Uyldert am 31. Mai 1988.

Umschlaggestaltung: Dieter Zembsch, München (unter Verwendung des Umschlagmotivs von Peter Kretzmann)
Produktion: Tillmann Roeder, Buchendorf
Gesamtherstellung: Wiener Verlag, Himberg

ISBN 3 88034 368 3

Printed in Austria

Inhalt

Einleitung

Der Herr der Ringe ist ein Buch, das klassisch genannt werden kann, und noch jahrhundertelang wird es von denen, die nach uns kommen, gelesen und zu Rate gezogen werden. Immer wieder, wenn man es liest, entdeckt man darin noch mehr Weisheit und Schönheit als zuvor. Die äußere Form ist die eines *Märchens*, die einzig richtige Form, um ein Sinnbild in allen Phasen seiner Entwicklung und Verwicklung zu umschreiben, auch wenn sich die heutigen *Begriffe* lange geändert haben.

In jeder Hinsicht und auf jeder Ebene ist dieses Buch *Wahrheit:* es erzählt die Geschichte sowohl vom Menschen, als auch von der Menschheit, von der Frühzeit, von Atlantis und Westeuropa. Und es durchleuchtet die Gegenwart, unsere Zeit, das zwanzigste Jahrhundert unserer Zeitrechnung, damit wir erkennen, woran wir teilnehmen. Es schenkt uns Einsicht und Rat, Mut und Kraft.

Der Eingriff in die Natur, im Kleinen durch die Ent-Frauen, im verhängnisvoll Großen durch Sauron und Saruman: da befinden wir uns mittendrin. Und die zurückkehrenden Hobbits, die ihr geliebtes Auenland im seelischen und stofflichen Verfall antreffen und es wieder heilen, geben uns ein Beispiel, wie wir vielleicht unsere Umwelt noch wieder herstellen können! Für uns alle ist Hobbingen verschmutzt, der Festbaum gefällt, und Angst hat sich in die Herzen geschlichen. Da müssen wir selbst Abhilfe schaffen, das überlassen die Großen uns!

Die Verführung der Seelen ist auch wieder aktuell, sie ist niemals beseitigt gewesen, nimmt jedoch heute gewaltige Ausmaße an, weil es jetzt darum geht, daß jeder Mensch selbst wählen muß, ob er mit der liebgewordenen Vergangenheit untergeht oder sich vollkommen erneuert.

Das ist *die Endzeit*, die in diesem Buch beschrieben wird, die dann auch an verschiedenen Stellen an andere Voraussagen erinnert, z.B. an die Offenbarung des Johannes. Das Böse, das gefangen und in den Abgrund geworfen wurde, (wie die Titanen), muß für kurze Zeit wieder losgelassen werden, in der es versuchen soll, die Menschheit durch ihre eigene Schwäche zu verderben. Darum ist der Ring aus der Tiefe gekommen, und darum hat sich Sauron von Neuem verkörpert und breitet seinen Schatten über die arglosen Länder aus.

Das letzte Kräftemessen muß zwischen den zwei großen Mächten stattfinden, die sich in der Äthersphäre, also in den Seelen der Menschen und in allen lebenden Geschöpfen, um die Alleinherrschaft streiten. Die Macht von Sauron will uns Menschen zu Ringgeistern machen. Durch die *Mechanisierung des Lebens,* Körper und Seele des Menschen durch Mangel an Betätigung schwächen, ihn aushöhlen, vergiften und lahmlegen. Er trachtet *dem westlichen Menschen nach seinem größten Schatz: ihm sein eigenes Ich zu nehmen,* durch Drogen, durch Fluoridierung, durch chemische sogenannte Medizin, die die Aufständischen zähmt. Durch die Methoden der Psychopolitik. Wer einmal, wie die schwarzen Numenorer in Atlantis, in Saurons betrügerische Macht geraten ist, verliert allmählich seine Widerstandskraft und sein Unterscheidungsvermögen, bis er sein Diener wird, wie der letzte König von Atlantis: Ar-Pharazon, und wie Saruman. Gerade weil dieser zuerst gut war, ein kluger weißer Magier, Haupt des weißen Rates, vertraute man ihm noch, als er schon ganz umgeschwenkt war; selbst Gandalf und der arglose Radagast wurden geblendet. Sarumans verführender Zunge widerstand niemand, der nicht unbeirrt der Stimme seines Herzens folgte, die die Wahrheit spricht, wie absurd sie auch für den selbstgerechten Verstand klingen mag.

Dies ist eben in diesem Buch so wertvoll und wahrheitsgetreu, daß nicht der Bequemlichkeit halber die Figuren in zwei deutliche Lager geteilt werden, sondern *es zeigt, wie Menschen sich ändern können,* von grau zu weiß wie Gandalf und von weiß zu schwarz wie Saruman, der wegen seiner guten Voraussetzung und seiner edlen Abkunft noch von Frodo verschont wird, aber durch sein eigenes Übel, das in Grima ausgebildet wurde, umkommt. Auf diese Weise warnt das Buch davor, sich auf öffentliche Propheten oder sogenannte Meister zu verlassen, auf Parteiprogramme, auf Ideologien, auf den äußeren Eindruck von Organisationen. Ständig verändert sich alles; in Gruppen, Gemeinschaften und Redaktionen dringen stets andere Menschen ein, und sie werden wegen ihres unschuldigen Verhaltens von Sauron als ein Deckmantel benutzt, um charakterschwache Mitläufer aufzufangen, die sich auf Autoritäten oder Namen festlegen lassen. Unmerklich verlieren sie ihr Ich und ihr Urteil und werden zum namenlosen Hauptmann, der sich selbst "Mund Saurons" nennt, wie heutzutage: der Wortführer. Sie werden wie die Ringgeister, die die leeren Hülsen seiner Willenskraft, seiner Hypnose sind. Wie die Orks, die nie die Gelegenheit gehabt hatten, ein eigenes Ich zu entwickeln, so wie das in der Jugend bei jeder autoritären Erziehung geschieht, aber auch in Gemeinschaften und Parteien bei sogenannten Erwachsenen!

Für jeden Menschentyp hat die verführende Zunge des falschen Propheten die passenden Worte: süßsaftiges okkultes Gerede oder exakte wissenschaftliche Berechnungen. Oder starke Gewaltdarstellungen für denjenigen, der einen Diktator sucht, um ihm dienen zu können. Jede Gottesdienstform, sowohl im Westen, als auch im Osten, hat eine feste Vorstellung von einer scheinbar übernatürlichen Erscheinung am Bildschirm des Himmels: ein Hohlspiegel, der Farben und die passenden Geräusche wiedergibt!

Um den Betrug zu durchschauen, kann den Menschen nichts anderes helfen, als das Wahrheitsgefühl ihres Herzens. So wie Elrond und andere in dem Buch immer wieder sprechen: mein Herz sagt mir . . .

In der Endzeit kommt alles verborgene Übel aus seinen Verstecken zum Vorschein. Vor dem ersten Weltkrieg wiegte sich der Westen in der falschen Sicherheit, daß Kirchen und Heilande das Übel ausreichend überwunden hätten und daß nur noch Fortschritt zu einer besseren Welt in jeder Weise möglich sei. Die Wissenschaft fundamentierte diese Meinung. Als dann im Krieg das Übel aus den Tiefen der Seele aufbrach, war man entsetzt. Wie dünn war doch dieser Zivilisationslack gewesen! Ja, wenn man seine Kinder nicht richtig erzieht, sie nur auf gute Manieren dressiert, für den äußeren Schein! Maria Montessori* hat ein gutes Beispiel gegeben, aber man hatte die eigene Seele bereits an Sauron verkauft. Er stellt sowieso nur den Schein dar, er macht alles nach, aber was er macht, ist ohne Seele, ist *Kunst-Stoff.* Giftige Qualmwolken brachen aus seinen unterirdischen Werkstätten hervor!

Die Zwerge der Psychoanalyse gruben viel Schönes aus den Tiefen der Seele aus, aber auch die dort verborgene Schuld, das Karma, das solange schlief, bis es in der Endzeit auferstand, um sich zu rächen, so wie der Balrog aus Morias Abgrund. Nur das Übel, das im eigenen Busen in Gutes umgesetzt, transformiert wird, ist für alle Zeit aus dem Wege geräumt. Bekämpfung macht es nur größer und aktiver, Verdrängung verschiebt nur die Abrechnung. Der Ring muß ins Feuer seines Ursprungs zurückgeworfen werden.

Das Buch beschreibt *die unterschiedlichen Zustände im Menschen,* sowohl in seiner Seele, als auch in seinem Körper. Teile sind vergiftet: Angmar, Mordor und Mor-

* Anmerkung: Maria Montessori entwickelte eine Pädagogik, die ähnlich der hier bekannteren Waldorf-Schulen arbeitet. (d. Übers.)

gul, Dol Guldur – andere Teile sind rein geblieben: das Auenland, Rivendel, Lothlorien. Andere wiederum werden schwächer: Gondor, der Düsterwald. Organ- und Seelentätigkeiten gehen zurück oder sind bereits aus dem Stofflichen verschwunden, wie die Stadt Gondolin.

Man findet sie auch auf der Erdoberfläche: unverdorbene Enklaven, die durch ihre hohe Ausstrahlung, der Eiszeit entkommen sind. Sie befinden sich beim Nordpol, wohin wilde Tiere aus Skandinavien und Sibirien im Polarwinter ziehen und bleiben, um, man höre, im Frühjahr gut durchgefüttert zurückzukehren. Dort befindet sich also Nahrung, Pflanzenwuchs. Es ist die Ultima Thule der Überlieferung. Am Südpol liegt das ebenfalls grüne sogenannte Blue Island, mitten im Polareis, das man von Ferne aus Flugzeugen wahrnehmen, aber nie erreichen kann. Solche Gebiete sind gefeit, magisch abgeschirmt seit alter Zeit. Analog dazu befinden sich im menschlichen Körper auch gesundgebliebene und ausstrahlende Heiligtümer, die die verdorbenen Teile durchleuchten und zu ihrer ursprünglichen Unsterblichkeit zurückführen müssen. Dann wird der Mensch wieder hell erstrahlen, wie Gandalf, Galadriel und Aragorn. Auch Frodo begann während seiner Reise mehr und mehr zu strahlen.

In Frodo wird jeder Mensch dieser Zeit dargestellt, der die Gelegenheit bekommt sich zu regenerieren und zu überleben, indem er bereit ist, durch alle Gefahren hindurch der Wahrheit zu folgen, die ihm sein Herz in jedem Augenblick eingibt. Ohne Berechenbarkeit oder Gewißheit auf Erfolg, ad absurdum. Auch Frodo hatte seine Schwächen, und oft wäre er um ein Haar in Saurons Macht gelangt, jedesmal wenn er den Ring ansteckte, wovon Gandalf ihm unbedingt abgeraten hatte – nicht verboten, denn sein freier Wille wurde respektiert, sonst hätte auch seine Aufgabe für ihn keinen Sinn gehabt. *Den Ring anstecken,* das heißt: sich mit okkulter Technik auf eine ätherische Ebene begeben, durch das Einnehmen von

Drogen oder den Trick einer Atemtechnik, also etwas äußerliches. Vielleicht auch mit der Hilfe eines sogenannten Meisters, der die Seele zu einer Wanderung auf der Astralebene mitnimmt. Durch Okkultismus verfrüht man den Entwicklungsprozess, wenn man noch nicht die nötige Reife für einen weiteren Bewußtseinszustand besitzt, für den man noch nicht stark genug ist. Immer dann wurde Frodo sichtbar für seine Feinde und verlor die klare Sicht über das materielle, praktische Leben. Wer in dieses Schattenreich kommt, kann weder leben noch sterben und sich nicht mehr verändern, nicht wachsen, nicht lernen. Und sein eigener Wille verschwindet; er kann sich dann nur noch benutzen lassen. *Okkultismus kommt aus Minas Morgul!* Demgegenüber steht die echte *Mystik*, das bedeutet: sich aus eigener Kraft dem Höheren Ich oder Gott dienend anzubieten: Dein Wille geschehe durch mich. – Und dann alles dafür zu geben. So wie Frodos Vorhaben, dem er treu blieb. Dann wird einem auch geholfen von Sam, dem Verstand und Smeagol, dem Körper. Das Höhere Ich ist dann der König, der Geist, der in Seele und Körper das Reich Gondor regiert, nachdem man sich solange mit dem Statthalter Denethor behelfen mußte: Verstand, Moral und Gewissen. Unser Höheres Ich oder göttliches Innesein versucht sich uns zu nähern, es kämpft für uns wie Aragorn für Gondor und für Arwen (die reine Seele). Und man muß dafür durch den mystischen Tod des Ich, die Pfade der Toten, gehen. Das konnten nur die Dunedain mit Legolas und Gimli: die starken Ichkräfte und die noch ichlosen Wesen. Aber dann müssen wir ihn auch annehmen und ihn als König anerkennen, auf den wir hören wollen: darum setzt sich Aragorn nicht einfach auf den Thron von Gondor, sondern läßt Faramir als Statthalter vor dem versammelten Volk und dem Herr fragen: "Menschen von Gondor! Sehet! Hier ist einer gekommen und erhebt wieder Anspruch auf die Königswürde. Aragorn, Arathorns Sohn, Stammeshaupt der Dunedain von Arnor, Heerführer des Westens, Träger des Sterns des Nordens und des neugeschmiedeten Schwertes, siegreich in der Schlacht, dessen Hände Heilung bringen, der Elbenstein, Elessar aus dem Hause Volandils, Isildurs Sohn, Elendils Sohn von Numenor! Soll er König sein und die Stadt betreten und hier wohnen? – Und das ganze Heer und alles Volk rief einstimmig: *Ja!* Als Faramir ihm dann die Krone des letzten Königs, Farnur, anbietet, gibt sie Aragorn zurück und sagt: "Durch die Mühen und die Tapferkeit vieler bin ich zu meinem Erbe gekommen. Als ein Zeichen dafür, möchte ich, daß mir der Ringträger die Krone bringt und Mithrandir sie mir aufs Haupt setzt, wenn er will. Denn er ist die Triebkraft bei allem gewesen, was erreicht wurde, und dies ist sein Sieg."

Wer war Mithrandir oder Gandalf? Der Glaube!

Ein Volk ohne König ist nichts, es verkümmert, wird immer im Buch gesagt. Ein König bringt das Volk erst zur Blüte und zur Entwicklung. Das Höhere Selbst führt den Menschen zur Selbstverwirklichung.

Gandalf setzte die weiße Krone auf Aragorns Haupt und sagte: "Nun kommen die Tage des Königs und mögen sie glückselig sein."

Aber als Aragorn aufstand, starrten alle, die ihn sahen, an, denn es schien ihnen, daß er ihnen zum ersten Male offenbar wurde. Groß wie die Seekönige stand er da und überragte alle, die in seiner Nähe standen; gealtert schien er, aber doch in der Blüte seiner Kraft; und Weisheit stand ihm auf die Stirn geschrieben, und Kraft und Heilung lag in seinen Händen, und es ging ein Licht von ihm aus und da sagte Faramir:

"Sehet den König!"

Der Ring der Macht

Drei Ringe den Elbenkönigen hoch im Licht,
Sieben den Zwergenherrschern in ihren Hallen aus Stein,
Den Sterblichen, ewig dem Tode verfallen, neun,
Einer dem dunklen Herrn auf dunklem Thron
Im Lande Mordor, wo die Schatten drohn.
Ein Ring sie zu knechten, sie alle zu finden,
ins Dunkel zu treiben und ewig zu binden
Im Lande Mordor, wo die Schatten drohn.

In der Urzeit, als Gut und Böse noch nicht getrennt waren, wohnten die Schmiede der Elben im Hulstland (Eregion) und schmiedeten dort Schmuckstücke von großer Schönheit und Kraft. Sie verfertigten *die drei Elbenringe:*

Den *Nenya,* der aus silberglänzendem Mithril bestand, das von den Zwergen aus den Tiefen von Moria gegraben wurde, mit dem weißen Stein Adamat, worin Eärendil, der Abendstern, sein Licht erglänzen ließ – Galadriel trug ihn.

Narva der Große mit dem roten Stein der Kraft, von Gandalf getragen.

Und *Vilya,* der mächtigste mit dem blauen Stein, der Heilung und Weisheit verlieh, von Elrond getragen und gebraucht.

Und *die sieben Zwergenringe.* Von diesen eroberte sich Sauron drei, die anderen vier Ringe wurden von Drachen verschlungen.

Die neun Ringe der Menschen wurden ihren Trägern zum Fluch: denn die Macht der Ringe höhlte sie aus, bis sie sich zu Schatten verflüchtigten, ihren eigenen Willen verloren und durch Saurons Willen beseelt, ihm als die neun Ringgeister zu Diensten standen und seine Werke ausführten. Als schwarze Reiter, in weiten Mänteln verhüllt, erfüllten sie ihre Aufgabe in der stofflichen Welt. Tagsüber, solange es hell war, hatten sie keine Macht, im Dunkeln jedoch konnten sie sehen und Menschen- und Hobbitblut riechen. Wer sich auf die ätherische Ebene versetzen konnte, wurde von ihnen aufgespürt, wie auf einem Radarschirm. Auf schrecklichen fliegenden Tieren, den Nazgul, folgen sie spionierend durch die Lüfte, um Gedanken und Pläne ausfindig zu machen, angetrieben durch den Willen ihres Meisters.

Den Einen Ring der Macht hatte Sauron selbst geschmiedet. Er war der mächtigste von allen Ringen und wurde verwandt, um alle und alles der Herrschaft des Bösen zu unterwerfen.

Die letzten drei Zeilen des obenstehenden Spruches waren in Geheimschrift in den Ring eingraviert, dem normalen Auge unsichtbar. Wenn man den Ring jedoch im Feuer erhitzte, kam die Schrift zum Vorschein, ohne daß das Metall des Ringes schmolz oder auch nur weich geworden wäre. Der Zauberer Gandalf wußte davon und machte die Probe im Kaminfeuer von Beutelsend. Er enthüllte das Geheimnis während des Rates von Elrond in Rivendel.

Sauron trug diesen Ring in seiner Hand. Während des großen Krieges, in dem Elben und Menschen sich gegen Sauron verbündeten und diesen unter der Leitung von König Elendil und dem Elbenfürsten Gilgalad gemeinsam bekämpften, fiel Elendil, und sein Schwert Narsil zerbrach unter ihm: die Ära der Spaltung in Gut und Böse hatte begonnen. Gilgalad fiel auch am Hang des Schicksalberges Orodruin, in dessen vulkanischem Feuer der Ring geschmiedet worden war. Isildur, Elendils Sohn, schnitt den Ring von Saurons Hand und steckte ihn selbst an, was zu seinem Tod führte. Seit dem benannte man den Ring mit dem Namen: Isildurs Fluch.

Im ersten Abschnitt der Menschheitsentwicklung, dem magischen Zeitalter, waren alle Ringe aktiv.

Während der zweiten großen Menschheitsepoche, dem moralisch-rationellen Zeitalter, wurde Sauron bekämpft und zeitweise geschwächt. Der große Ring ging in einem unterirdischen See verloren – durch moralische Gesetze wird das Böse im Zaum gehalten und verbirgt sich im Unterbewußtsein der Menschenseelen. In der scheinbar leidlich geordneten christlichen Welt, sah niemand die Gefahr. – Bis dann im ersten Weltkrieg, der mit all den raffinierten Waffen Saurons geführt wurde, das Böse hervorbrach.

Die dritte große Menschheitsepoche begann, als Bilbo der Hobbit den Ring fand und ihn ans Tageslicht brachte. Diese Entwicklung begann bei den Menschen mit der Psychoanalyse, führte zur Scientologie, zum Sensitivitytraining und ähnlichem. Die Menschen wurden sich des Bösen bewußt und setzten sich damit auseinander. Der freie Sex wurde proklamiert, um die Macht der Palantiri zu lähmen, und Drogen ließen die Menschen zu willenlosen Schattenwesen werden, die weder sterben noch richtig leben können.

Der Ring der Macht wirkt als Machthunger im Menschen und verwandelt gute Seelen in schlechte, wenn sie ein Ideal mit Macht erreichen wollen. Der Ring macht die Menschen glauben, das Ziel heilige die Mittel, anstatt, wie Elrond sagt, daß es entheiligend sei, zu schlechten Mitteln zu greifen.

Der Ring ist wieder zum Vorschein gekommen und Sauron trachtet danach, sich seiner wieder zu bemächtigen. Er sendet dazu die Ringgeister aus, die Orks und die ganze Höllenbrut seines Reiches, die er einst geschaffen hatte, als er danach trachtete, eigene Wesen zu erschaffen. Als er Elben nachbilden wollte, wurden es Orks.

Der Ring ist unterwegs, und es bleibt uns, wie Gandalf sagt, nichts anderes übrig, als zu *entscheiden, was wir in der Zeit, die uns noch bleibt, tun sollen.*

Die besten Denkanstöße kommen in der Mittwinterzeit: die Zeit, wenn Menschen und Elben dem Großen Geist am nächsten sind. Der Beschluß entspringt dem Herzen: der Ring soll an seinen Entstehungsort zurückgebracht werden, um damit seinen Kreislauf zu vollenden. Sauron, der nur mit dem Kopf arbeitet, wird auf eine solche absurde Idee nicht kommen! Man beabsichtigt, den Ring, den er ja unter allen Umständen zu erlangen trachtet, zu ihm zu bringen! Wohl in seine Richtung, aber nicht in seine Hände. Ein solcher Ratschlag ist besser, als jede verstandesmäßige Überlegung. Die Hobbits Frodo und Sam werden die Tat vollbringen – wenn sie gelingt.

Aragorn der Dunedain, der Erbe Elendils, soll zur gleichen Zeit sein Erbe Gondor zurückerobern. Das gebrochene Schwert Narsil wird zu diesem Zweck neu zu einer Einheit zusammengeschmiedet und bekommt nun den Namen Anduril, Flamme des Westens. Was bedeutet dies? Das menschliche Denken wird die Einheit von Gut und Böse entdecken, wird sich vom Wahn der Zweiheit lösen und die Versöhnung der Dualitäten in der Synthese feiern. Verstand und Lebensleib, Mann und Frau, werden zu einer Einheit verschmelzen: in der neuen Menschheitsepoche werden nur wirkliche Menschen leben können.

In den Träumen von Boromir und Faramir kamen diese Zukunftsbilder schon zum Ausdruck, durch die Worte:

Das geborstne Schwert sollt ihr suchen,
Nach Imladris ward es gebracht,
Dort soll euch Ratschlag werden,
Stärker als Morgul-Macht.
Ein Zeichen soll euch künden,
Das Ende steht bevor,
Denn Isildurs Fluch wird erwachen,
Und der Halbling tritt hervor.

Was hier vorausgesagt wird, spielt sich heutzutage in der Welt ab, Leser und Zuhörer!

Der Rat, der hier gegeben wird, der stärker als Morgul-Wort ist, bedeutet: 'Umhülle deine Feinde mit deiner ganzen Liebe. Durchdringe Saurons schwarzes Reich mit den Mitteln der weißen Magie, der Liebe. Das Absurde ist hier das einzig Richtige.

Sauron, in christlichen Kreisen der Antichrist genannt, wirkt überall mit der Kraft seines Ringes. In religiös-politischen Machtorganisationen, die von ihren Mitgliedern unbedingten Gehorsam fordern, und ihm bereits in zahllosen gutgemeinten Organisationen den Weg ebnen, worin sich seine Diener manchmal einschleusen und dann das Ruder herumreißen, ohne daß es die Arglosen bemerken. Sauron ist der Arbeitgeber dieser Mantelorganisationen. Seine Mitarbeiter sind die zahlreichen Sarumans mit ihren samtenen Zungen, die scheinbar auf der Seite der Guten stehen, jedoch für die schwarzen Mächte arbeiten. Sie geben Kurse für junge Menschen, in denen sie sich in Psychopolitik üben, mit Drogen in Berührung kommen und zu ungehemmter Sexualität verleitet werden. Jugendliche werden regelrecht dazu ausgebildet, wie man Chaos anstiftet. Diese Mächte mißbrauchen die soziale Verantwortung und das Mitgefühl für die Unterdrückten unserer Gesellschaft. Hier wird Gutes in die Bahnen des Bösen geleitet.

Sauron strebt nach der Macht über alle Menschen, er strebt nach der Weltherrschaft. Durch seine raffinierten Methoden hat er schon einiges erreichen können. Er macht sich ganze Völker durch die Vergiftung ihres Trinkwassers mit dem Gift Fluor gefügig, das den Freiheitssinn und die Selbstverantwortung im Gehirn erlahmen läßt. Er läßt umfassende Volkszählungen abhalten und allerhand Informationen verteilen, um die gesamte Weltbevölkerung mit seinen Computern zu erfassen. An Stelle von Gefängnissen gebraucht er psychiatrische Einrichtungen, um unangenehme Gegner unschädlich zu machen. Durch die Erhebung von Steuern versucht er, die Macht des Geldes vollkommen an sich zu ziehen. Durch das Internationalisieren der Landwirtschaft, des Handels, des Unterrichts, des Wohnungsbaues, des Bankwesens, der Konzerne, die Rohstoffe verwalten usw., versucht Sauron für diejenigen, die nicht mitmachen wollen, die Fluchtwege zu blockieren. Die Staatskontrolle erstreckt sich im Finanzwesen, über den gesamten Handelsverkehr. Durch das Fernsehen werden die Gehirne schon die passenden Bahnen gelenkt. Die Einfältigen kleben sowieso an dem Massenmedium, das Saurons Denkart in die Seelen einstempelt. Der große Krieg ist unter dem Deckmantel sozialer Gesetze, der Entwicklungshilfe und der Erziehung der Jugend im Gange.

Die einzige Hilfe diese Dinge zu unterscheiden, ist unser eingeborenes Gefühl der Wahrheit im Herzen. Das ist stärker als Morgul-Macht.

Werden Gandalf, Aragorn und die Seinen im Mittsommer triumphieren und eine neue Welt aufbauen können? Das Königreich des Geistes?

Tolkiens prophetische Inspiration hat alles vorausgesehen.

Ring und Lanze

Warum hat Tolkien nun gerade einen Ring gewählt, als Sinnbild für die Gier nach der Macht?

Von alters her hat ein König oder Kaiser zwei Machtsymbole in seinen Händen: in der Rechten das Zepter und in der Linken den Reichsapfel. Das Gerade und das Runde, als Sinnbild für das Männliche und das Weibliche.

Alles Männliche im Menschen und in der Natur drückt sich im Geradlinigen aus, in Gewehren und Kanonen, Lanzen und Speeren, aber durchdringt auch das männliche Denken, daß in einer geraden Vernunftslinie bis zur letzten Konsequenz weitertrabt.

Alles Weibliche im Menschen und in der Natur, drückt sich im Runden aus. In den Taschen der Frauen und Halsketten, in Höhle und Haus, in Tasse und Becher. Und im weiblichen Denken, das die gerade Linie der kausalen Vernunft in ihrem Kreis intuitiver Auffassungsgabe aufnehmen und verkraften kann. Das weibliche Denken ist die Bewußtwerdung dessen was IST, stets leuchtender und weitgehender.

Eine Zusammenarbeit entsteht durch die Kombination der beiden Pole: die Uhr und ihr Schwengel, der Mörser mit dem Stampfer. Das Gerade sucht das Runde und dann ereignet sich etwas, wie das Ringstechen auf Volksfesten, wie beim Stricken, wenn Reihe auf Reihe fertiggestellt werden, oder beim Zeugen neuer Generationen in der Vereinigung von Mann und Frau, woraus ein neuer Mensch entspringt.

Durch die Zusammenarbeit von plus und minus entsteht die Synthese, die Einheit, die sowohl das Gerade als auch das Runde umfaßt. Zusammen formen sie die Spirale, das Schneckenhaus. Neben Tolkiens Symbolik des Ringes existiert auch eine in der Grals-Sage aufgenommene Symbolik der Lanze, die ein Gleichgewicht herstellt; die besagte

Lanze, die Jesus Lende durchbohrte, als er am Kreuz hing. Der Sage nach (siehe das Buch von Trevor Ravenscroft: *Der Speer des Schicksals)* sollte diese Lanze eine Kraft ausstrahlen, die demjenigen die Weltmacht verleiht, der sie erwirbt. Zum Guten oder zum Bösen, das war abhängig von der moralischen Qualität ihres Erwerbers, der die Kraft durch sich leiten und benutzen sollte. Lanze und Ring formen ein Paar. Warum wählte Tolkien nun allein das Bild des Ringes?

Wer Irland, das keltische Land von Tolkiens Jugend und seinem Buch kennt, begreift es. Irland ist das Land des Runden, des Weiblichen; der Feen, die wie Vivian selbst den geschliffenen Zauberer Merlin in ihre Höhle unter dem Maidorn zu locken wußten, worin er in einen Jahrhunderte langen Schlaf fiel.

Irland ist voller Ringwege, die an der Küste einer Insel oder Halbinsel entlangführen: der Ring von Kerry, der Ring von Bearna. Und diese sind wieder beeinflußt von den Elbenkreisen der Pilze im Grase, von aufgerichteten Steinen im einsamen Feld oder von den Bäumen am Berghang: eine faery-rath, eine Elbenburg. Wer dort als Mensch gefangen wird, gerät in das Zeitlose, wie in Lothlorien. Er ist aufgenommen im Reich der ewigen Urbilder, die wir Menschen draußen im zeitlichen Erleben zur Ausführung bringen. Wer in Irland herumgekommen ist, weiß, wie schwer es ist, aus solch einem Ring herauszukommen.

Auf irischen Friedhöfen stehen immer noch seit zweitausend Jahren die keltischen Kreuze, bestehend aus einem geraden Kreuz, mit einem Kreis darumherum oder dahinter: Materie und Geist in einem, der Mensch als Kind des Himmels und der Erde. Aber in keltischen Ländern ist der Kreis, der Ring, das Wichtigere. Sogar in der Praxis herrscht ein Matriarchat: die Frau besitzt, beackert und beherrscht die Erde. Sie regiert und unternimmt, gibt dem Mann seine Aufgabe, der Halt sucht bei seinen Schicksalsgenossen im Wirtshaus.

Die Kreuze sind mit ausgemeißelten verflochtenen Figuren verziert, die keinen Anfang noch Ende kennen. Manchmal abstrakt, manchmal als Vögel dargestellt, die sich in Schlangen verwandeln, sich selbst verschlingend. Stets Bilder einer geschlossenen Unendlichkeit; die Rückkehr der Seelen in ihren eigenen Nachfahren. Alles läuft rund.

Der Ring ist etwas, das anzieht, verführt und gefangennimmt. Frodo hatte oft große Mühe, seinen Finger nicht in den Ring zu stecken. Tat er es dennoch, so begann sofort ein Prozeß, der ihn ins Schattenreich hinwegzog und ihn durchsichtig machte. Also können wir in Frodo den Menschen erkennen, der auf Erden eine Aufgabe, eine Bestimmung hat und sich gegen jede Art der Verführung erwehren muß, um rechtzeitig in die glückseeligen Gefilde entkommen zu können, sicher vor dem Tod und der Betäubung, wenn seine Aufgabe vollbracht ist. Es ist Frodos Auseinandersetzung, die die jungen Menschen unserer Zeit gegen die Verführung der Droge und der magischen Rituale austragen müssen, die sie daran hindern hier auf der Erde ihrer Arbeit und Pflichterfüllung nachkommen zu können.

Ein Ring bindet und hält gefangen. Das Streben nach der Macht ist eine Verkrampfung, woraus mancher nicht mehr los kommt.

Frodo, der den Ring nicht anstecken darf, bewegt sich parallel zu Aragorn, der Arwen erst verdient haben wird, wenn er Gondor befreit hat. Die Vereinigung, die Synthese, die innere Hochzeit von Seele und Geist, – sie kommt erst als Belohnung nach dem vollbrachten Kampf.

Frodo steckte den Ring zu früh an den Finger, kurz vor dem Ende des Streites. Darum verschwanden Finger und Ring – das keltische Kreuz! – zusammen in dem flammenden Abgrund. Und Frodo blieb zurück, wie jemand, der seine Einweihung verfehlte, seelisch ein Wrack, das sich von diesem Schlag nicht mehr erholen konnte. Er übergab Sam seine Arbeit und fuhr von den Grauen Anfurten ab, seinem Lebensbereich entflüchtend. Frodo ist nicht der Mensch, der gewinnen kann. Ein Mensch, der sein bestes mit bewundernswerter Haltung tut, aber es auf der materiellen Ebene gerade nicht schaffen kann. Erst im Jenseits wird ihm seine Erlösung zuteil werden.

"Wer immer strebend sich bemüht, den können wir erlösen."

Die Lanze der Macht und der Ring der Macht führen, jeder allein für sich, zum Verderben. Weder das Männliche noch das Weibliche kann für sich allein einen Lebensprozeß erfüllen. Katastrophen werden die Menschheit und die Erde bedrohen, solange das männliche und das weibliche Denken sich nicht vereinigen, sondern getrennt voneinander fortwuchern. Erst, wenn durch innigen Austausch, gegenseitige Erziehung und Zusammenarbeit, Männer wie Frauen Menschen geworden und in der Lage sind, ihr Land zu regieren, kann alles zur vollen Blüte kommen.

Dann erst ist Sauron wirklich aufgelöst und überwunden. Denn der Ring, wie auch die Lanze, können einzeln nur das Böse hervorbringen, solange sie selbst nur die Hälfte der Wahrheit darstellen, eine losgelöste, nur für sich selbst funktionierende Hälfte.

Über die neutrale Natur des Tom Bombadil hatte der Ring keine Macht. Als er ihn ansteckte, wurde er nicht unsichtbar. Doch wollte er den Ring nicht in Verwahrung nehmen, um die Reisegesellschaft ihrer schweren Aufgabe zu entbinden. Denn die Spaltung des Menschen ist eine notwendige Phase, die man nicht überschlagen darf. Das Schwert Narsil muß erst brechen. Der Mensch muß hilflos werden, um durch die Auseinandersetzung, durch

Leid und Opfer, sein Glück wieder zu erobern. Das zweite Glück wird größer sein, als das Erste.

Wer ohne Schaden den Finger im Ring halten kann, ist der König der Erde, wie Tom Bombadil. Wer auch nur wenig Eigensinn besitzt, wie Frodo, verliert den Finger, eingeklemmt im Ring. Er wird warten müssen, Zeitalter lang, bis seine neue Gelegenheit kommt.

Der Finger, der Wille, muß genau so stark sein wie die Macht des verführenden Ringes, um ihn in richtiger Weise tragen und benutzen zu können. Das ist der neue Mensch der Zukunft.

Frodo, Sam und Gollum

Frodo, Sam und Gollum stellen zusammen die drei Wesensglieder dar: Geist, Seele und Körper.

Frodo

Der Hobbit Frodo, war genau wie sein Onkel Bilbo, am 22. September geboren. Sie hatten eine tiefe Verbundenheit, aber ihr Mond oder Aszendent* wird wohl verschieden gewesen sein.

Die Sonne am 29. Grad des Sternzeichens Jungfrau, wo auch der Fixstern Markeb steht, zeigt uns den Charakter: die Neigung zum Nachdenken und zur Weitsicht, zur sachlichen Beurteilung und die Fähigkeit, mit den Seelen junger Menschen pädagogisch umgehen zu können. (Bilbo erzog Frodo, und Frodo erzog Gollum). Diese Konstellation drückt Strenge gegenüber sich selbst und anderen aus, gelassen über jeder Situation stehend, Einfachheit, Entschlossenheit und die Gabe, anderen gegenüber von Pietät erfüllt zu sein. Man sucht die Einsamkeit auf, um sich des Studiums oder der Meditation zu widmen. Aufgrund der großen Selbstbeherrschung ist man bereit, sich in den Dienst einer schwierigen Aufgabe zu stellen, auch wenn diese einen aus der benötigten Einsamkeit reißen würde. Aber dann wird man von einer drückenden Melancholie geplagt. Bilbo hatte dazu, könnte man annehmen, einen Krebs-Aszendent. Als echter Hobbit liebte er das Leben

* Anmerkung: Aszendent, das zur Zeit der Geburt im Osten aufgehende Sternbild.

sehr, den Genuß seiner Pfeife und von leckerem Essen, mit fröhlichen Festen für Freunde und Familie dann und wann. Das Herumziehen lag ihm im Blut, angesichts des Abenteuers, das an der nächsten Biegung des Weges auf ihn wartete. Doch immer war die Sicherheit seiner Hobbithöhle im Hintergrund, in die er eines Tages wieder zurückkehren konnte.

Frodos Aszendent hätte Skorpion sein können. Selbst verschlossen, besaß er einen unaussprechlichen Tiefblick in die Chraktere anderer. Vereint war er mit seinen lustigen Freunden Merry und Pippin, die ihn sehr respektierten und deren Fröhlichkeit er brauchte. Eine einlaufende Konjunktion von Mond zu Saturn beraubte ihn frühzeitig seiner Mutter und machte ihn für Traumata empfänglich, unheilbare Wunden der Seele. So empfand er die schmerzliche Nachwirkung der schrecklichen Angriffe, die von den schwarzen Reitern bei der Wetterspitze und an der Bruinenfurt auf ihn verübt wurden, jedes Jahr an den beiden Tagen wieder. Charaktere mit diesem Aspekt werden Gewissensmenschen, sie unterwerfen sich vollständig dem höchsten und strengsten Ideal, stellen hohe Anforderungen an sich selbst und lehnen jede Verweichlichung ab. Sie trinken den Becher des Leidens bis zum Boden aus. Im Hinblick auf den Ring der Macht, der ja von beiden besessen und getragen wurde, wird gemeinsames und unterschiedliches sichtbar. Jeder wird auf seine Weise mit der Macht konfrontiert, mit Pluto nämlich, der sich in seinem Macher Sauron wie auch in dem Ring manifestiert.

Bilbo hat anscheinend einen günstigen Eingangsaspekt von der Sonne zu Pluto. Er profitierte von der Macht. Wo es ihm zustatten kam, machte er sich kurzerhand unsichtbar. Und es machte ihm wenig aus. Allerdings fühlte er sich nach vielen Jahren etwas benommen. Aber dann im letzten Augenblick, als er den Ring an Frodo übergeben wollte, konnte er sich doch nicht überwinden, jedoch hat Bilbo sich nie verleiten lassen, diese Macht auf andere auszuüben.

Frodo selbst mußte die volle Schwere des Ringes auf sich nehmen, anscheinend hatte er eine einlaufende Konjunktion mit Pluto, die sich im fortwährenden Bedrohtwerden durch die Übermacht der Geister auswirkte. Zuerst von den Schwarzen Reitern auf wirklichen Pferden: Pluto im praktischen Leben. Später dann im Bereich der Gedanken, als angsteinjagende Nazgul, die mit kreischenden Schreien durch die Luft flogen. Die Suggestionen, die telepathisch auf Frodos Seele gerichtet waren, waren übermächtig, sobald er den Finger in den Ring steckte und darum für Saurons Auge oder für die leibliche Nähe der Schwarzen Reiter erreichbar wurde. Sie versuchten ihm einzureden, daß das Anstecken des Ringes ihn retten würde. Oder sie versuchten seinen Willen durch Angst zu lähmen, als er, auf dem Elbenpferd sitzend, die Schwarzen Reiter über den Fluß auf sich zukommen sah.

Immer wieder wird der Mut seiner Sonne, das Ich mit dem Willen, auf die Probe gestellt. Dieser dramatische Kampf zwischen dem Ich und der Übermacht drückt sich auch in dem Immer-schwerer-werden des Ringes aus, der bis zur Unerträglichkeit an Frodos Hals hängt. Seine Treue gegenüber dem einmal angenommenen Auftrag gibt ihm die Möglichkeit, die Unternehmung zu vollbringen. Aber die Melancholie ist fortan seine ständige Begleiterin.

Frodo hatte Sam, der ihm in der praktischen Not beistand und ihn mit seiner herzlichen Fröhlichkeit aufmunterte. Aber innerlich war Frodo einsam. Sicherlich war er eine alte Seele, die in vorigen Leben eine große Selbstzucht entwickelt hatte, so wie es die einlaufende Mond-Saturnus-Konjunktion andeutet. Dadurch war er in der Lage, alle Risiken auf sich zu nehmen, sich der höchsten Pflicht zu widmen, auch wenn er dabei zugrunde gehen würde. Er hatte sich hingegeben, all seine Ambitionen geopfert. Seine bescheidenen Wünsche beinhalteten nichts anderes, als friedlich in seinem Studierzimmer schreiben und die Elbensprache studieren zu können und lange Spaziergänge zu machen in der stillen Natur. Er war ein ausgesprochener Introvertierter, Dichter und Gelehrter, erst fröhlich nach einem Umtrunk (in der Herberge zu Bree). Er stand immer über der Situation, ein echter Herrenhobbit, der sich, obwohl selbst durch die Hölle gegangen, in den beschränkten Standpunkt von Sams verarmten Vater, der einen Schadensersatz von seinem Herrn Frodo erhoffte, hineinversetzen konnte.

Frodos Geist stand über dem Gefühl und dem Verstand (die sich im Leben als Sam und Gollum wiederspiegelten). Er gab sich seiner Bestimmung hin und sagte im Rat von Elrond, wo sich jemand für die schwierige Aufgabe, das Fortschaffen des Ringes, anbieten mußte:

> "Ich werde den Ring nehmen, auch wenn ich den Weg nicht weiß."

Er geht dann als das nackte ICH, begleitet von seinen Charakterteilen Sam und Gollum, und zunächst mit den übrigen Mitgliedern der Gemeinschaft, die einer nach dem anderen Teile seines Menschenwesens darstellen. Der gesamte Mensch ist eine Gemeinschaft aus vielen ICHs, die zusammen den Weg des Lebens gehen.

Wegen seiner Schwächen mußte Frodo einen Finger opfern, denn Gollum mußte ihm zuletzt den Ring abnehmen, den er selbst nicht mehr aufgeben konnte. Aus zehn wurden neun: das Unvollendete.

Das typisch Skorpionhafte, das in Gollums Zwiespalt zwischen Gut und Böse zum Vorschein kommt, und in seiner Neigung in dunklen Höhlen zu leben und in der Tiefe zu wühlen, erkennen wir bei Frodo im tödlichen Verlangen, von den Irrlichtern der gefallenen Leichen in den Mooren verzaubert zu werden. Durch diese Verwandtschaft mit dem ebenfalls skorpionischen Gollum, wird er von ihm verstanden: guter Meister muß weg von bösen Lichtern! Und eben durch diese Verwandtschaft kann Frodo Gollum erziehen, das gute Ich: Smeagol, in ihm wachrufen. Das böse Ich, Gollum, spricht immer von "wir", ziemlich unpersönlich, denn es ist eine blinde Macht, die in ihm tätig ist. Aber wenn das gute Ich in ihm spricht, Smeagol, dann sagt er: ich! Dann fühlt er sich selbst verantwortlich. Dieses Ich sprach Frodo in ihm an. Zum bösen Ich, als es sich an ihm vergreifen wollte, sprach Frodo: nieder! – Wie zu einem Hund. Seine psychologische Intuition machte ihn, wie alle Skorpione, zu einem guten Psychiater.

Sam

Sam ist der ganz einfache Hobbit mit den dazugehörenden menschlichen Zügen. Der typisch englische treue Diener seines Meisters, der sich nicht allein retten kann. Obwohl er fühlt, daß er nicht über seine eigene Entwicklungsphase hinausgehen darf, ist er in der Lage, wenn die Not am größten ist, auch auf die für ihn unbekannten Ebenen improvisierend einzugreifen. Als Frodo von Kankra vergiftet wurde, nimmt Sam ihm den Ring ab und steckt ihn selbst an, um so den Auftrag seines verunglückten Meisters zu übernehmen. Sam erinnert sich seiner eingeborenen Pflicht, seinen Meister nie zu verlassen und erwehrt sich dadurch aller Gefahren des Orkturmes. Sam erntet wegen dieser Tat auch noch Undank und Tadel, als Frodo, durch den Ring beeinflußt, gereizt seinen Besitz zurückfordert.

Obwohl er wegen seines Interesses für die Elben gerne mitging, fühlte er sich in seiner Beschränktheit, in den fernen Ländern und im Umgang mit den großen Herren, nicht sehr wohl, und er hegte anfangs berechtigtes Mißtrauen gegen Streicher. Hin und wieder jedoch sehen wir, wie sein Einfühlungsvermögen und seine Gewöhnung an die neue Situation mit wachsender Verantwortung zunimmt. Gegenüber Gollum überwindet er seinen Haß, der aus der Abscheu des kleinen Mannes gegen alles Fremde und alles, was seinen Meister bedroht, besteht. Er fügt sich und bleibt Sam, der Diener, zufrieden mit der Möglichkeit, am Ende des großen Krieges in der Erzählung erwähnt zu werden.

Sam ist das Bild rührender Treue, die von seinem Meister schlecht belohnt wird, der für viele Jahre sein Reisegefährte war. Sam bleibt allein zurück, als Frodo sich am Kai, wo die weißen Schiffe abfahren, von ihm verabschiedet. Zum Glück bleibt er nicht ganz allein. Merry und Pippin begleiten ihn nach Hause, wo Rosie wartet. Freundestreue, füreinander einstehen, dieses Motiv erleben wir in der ganzen Erzählung der Reise und das macht sie so charakterstärkend in einer Zeit, da Freundschaft und Treue selten geworden sind.

Gollum

Smeagol oder Gollum, wie er wegen seiner Kehllaute genannt wurde, war ursprünglich ein Hobbit von einfacher Art, der mit seiner Familie an einem Fluß wohnte. Er wühlte gern im Boden nach Wurzeln und Wasserpflanzen, nach dem Verborgenen im Dunkeln; er entsprach der skorpionischen Art. Einst war er zusammen mit seinem Freund Deagol am Fluß, als Letzterer einen Ring im Wasser fand – es war der Ring der Macht, der von Isildur dort verloren wurde, als er, um sein Leben zu retten, mit dem Ring an der Hand in das Wasser sprang; der Ring verließ ihn, Isildur wurde entdeckt und von Orks durch Pfeile getötet. – In Smeagol entbrandte die Gier nach dem Ring, und er versuchte ihn Deagol abzubetteln, als sogenanntes Geburtstagsgeschenk. Als dieser sich weigerte nachzugeben, wurde er von Smeagol getötet.

Dies erinnert an Kain und Abel. Kain war der Sohn von

Eva und Luzifer, Abel der Sohn von Eva und Adam. Die luziferische Gier nach der Macht lebte in Smeagol.

Verbannt von seiner Familie und behindert durch das Sonnenlicht – das Licht der Wahrheit, das er nicht vertrug, weil er die Lüge aufrechterhalten wollte, daß ihm der Ring zukam – schwamm Smeagol oder Gollum einen Bergbach stromaufwärts in eine Berghöhle hinein. Dort auf einem Inselchen im dunklen Wasser des unterirdischen Sees, lebte er mit seinem Ring, seinem Schatz, als einzige Gesellschaft, bleiche Fische fangend und essend, bis er den Ring an den Hobbit Bilbo verlor.

Wahrheit und Lüge, der gute und der schlechte Gollum, oder Smeagol und Gollum, führten ein endloses Zwiegespräch. Wenn Smeagol sprach, schien ein blasses Licht aus seinen Augen, aber bei Gollums Worten wurde dieses Licht grün und seine Stimme piepte und zischte. Das Gute in ihm, Smeagol, empfand Respekt und sogar Liebe für Frodo, der ihn Schutz nahm, als Sam ihn töten wollte, ihn aber schwören ließ, den Ring nicht anzutasten, den Frodo unter seinen Kleidern trug, um ihn zum Schicksalsberg zu bringen, wo er geschmiedet worden war. Das Böse in ihm, Gollum, begehrte den Ring für sich selbst. Er ersann einen bösartigen Plan. Um seinen Meister nicht geradewegs zu überfallen, spielte er ihn in die Hände der schrecklichen und giftigen Spinne Kankra. Nachher würde der Ring schon bei Gollum landen. Hochmütiger Größenwahn gaukelte ihm vor, daß er dann durch die Macht des Ringes sogar dem ungenannten Sauron hätte widerstehen können.

Während Frodo, Sam und Gollum durch die Wildnis zum Schicksalsberg zogen, war es Frodo, der immer wieder Gollum verschonte, indem er ihm vertraute, sogar dann, als er in Faramirs Macht geraten war. Auch weil Gandalf Frodo verboten hatte, ihn zu töten. Das Zwiespältige in Gollum entsprach der Zweiheit, Frodo–Gollum, die edle und die üble Seite des Skorpiontypen, wie der Adler und der Skorpion. In dem Skorpion streiten Gut und Böse um die Macht. Man könnte sagen: Frodo hatte sein eigenes Übel ausgetrieben, da nahm es neben ihm Gestalt an und verließ ihn nicht mehr. Werden nicht auch viele Menschen, die sich selbst bezwungen haben, von Übel und Teufeln begleitet?

Frodo trug den Ring der Macht, den er nicht gebrauchen wollte, bei sich, und in dem Maße wie er sich selbst überwandt, wuchs die Gier in Gollum und wurde der Ring an Frodos Hals schwerer. Während in Frodo ein Licht zu scheinen begann, wurde Gollum bösartiger. Neben Frodo, den er respektierte, war es Sam, der Verstand, der ihn davon abhielt, Frodo hinterlistig den Ring zu entwenden.

Gollums gutes Ich: Smeagol, spricht als Ich und ist dankbar für Frodos Anerkennung, so wie das leibliche Ich dankbar für die Anerkennung der Seele ist. Nachdem Frodo Gollum gezähmt hatte, war eine *Beziehung* zwischen Frodo und Smeagol entstanden!

Zwischen Frodo und Gollum, dem höchsten und niedersten Ich, war Sam das alltägliche, nüchterne Verstandes-Ich. Sie stellen die drei Ich-Formen dar, die zusammen in einem Menschen wohnen. Man könnte sie auch *Geist, Seele und Körper* nennen.

Gollum drückt den *Körperinstinkt* aus, der nicht entbehrt werden kann, gerade dort, wo der Verstand nichts mehr ausrichten kann. Gollum führte Frodo und Sam durch die gefährlichen Sümpfe und vorbei am drohenden Minas Morgul: der Burg der schwarzen Ringgeister. Er konnte nicht entbehrt werden. Am Ende der schrecklichen Reise schließt sich Gollum wieder Frodo und Sam an, und im letzten Augenblick, als Frodo unter dem Einfluß des Ringes es nicht fertigbringt, ihn ins Feuer zu werfen, ist es Gollum, der das Schicksal vollzieht: er beißt Frodos Finger mit dem Ring von der Hand und findet, mit seinem

Schatz auf dem Rande des Abgrundes tanzend, durch einen Fehltritt den Tod in den Flammen. (Der Geist, der stets verneint und doch das Gute schafft). Es ist der Wechsel von Gut und Böse, die Dialektik, die den spiralartigen Fortgang zum Endziel möglich macht. Ohne Spannung und Auseinandersetzung kommt man nicht weiter!

In Gollum wird die Zweiheit der Skorpion-Art treffend beschrieben, wie sich das auch im Menschen abzeichnet. Schleicher und Kriecher nennt Sam die zwei Wesensarten in Gollum, die miteinander streiten. Der Schleicher ersinnt die gemeinen Streiche, der Kriecher kann nur eines von beiden: entweder Sklave sein oder beherrschen. Solange er die Macht noch nicht in Händen hält, nach der er dürstet, unterwirft er sich dem Stärkeren. Größenwahn wechselt sich mit kriecherischer Schmeichelei ab. Gollums Angst vor Sauron, vor Ihm, wechselt manchmal sogar in einen Machtrausch, worin er sich noch größer sieht, als Er:

"Wir müssen ihn (den Ring) haben!" sagt Gollum, die Begierde, der Schleicher. – "Aber Er wird es sehen!" jammert der ängstliche Kriecher, Smeagol. – "Müssen ihn nehmen!" – "Nicht für Ihn!" – "Nein, Süßer. Schau, mein Schatz: wenn wir ihn haben, können wir entfliehen, selbst vor Ihm, nicht wahr? Vielleicht werden wir sehr stark, stärker als die Geister. Fürst Smeagol. Gollum der Große. *Der* Gollum! Jeden Tag Fisch essen, dreimal am Tag, frisch aus dem Meer. Allerhöchster Gollum! Müssen ihn haben."

Bei diesem Zwiegespräch mit sich selbst, sitzt Gollum neben dem schlafenden Frodo. Immer wenn Schleicher spricht, kommt Gollums lange Hand zum Vorschein und tappt nach Frodo, bis sich schließlich zwei Hände mit gekrümmten Fingern nach Frodos Hals ausstrecken. Sam kommt dazwischen. Darauf ergreift der Kriecher das Wort und schmeichelt: "Nette Hobbits, netter Sam! Schlafmützen! Laßt den guten Smeagol wachen! Zeit, zu gehen."

So schaukelt der Dialog zwischen Böse und Gut, Begierde und Beherrschung. So beschreitet Frodo mit Gollum seinen Prüfungsweg: der Heilige mit seinem angeketteten Teufel. Denn Unterdrückung allein genügt nicht.

Frodo ist der große Unerlöste in diesem meisterliche beschriebenen Drama.

In Gollum straft das Böse sich selbst. Keine billige Darstellung, sondern kosmische Gesetzmäßigkeit. Die Gier hatte in Gollum gesiegt. Von Frodo wurde sie abgenommen. Bei ihm ist diese Entwicklung nicht beendet und die davongetragenen Wunden der Seele, seine Traumata, nie geheilt worden. Wir alle, die wir als Menschen am Lebensprozeß der Erde teilnehmen, können nie ein Ende erkennen, wir erblicken nur einen Teil des Ganzen. – Niemand weiß, wie es begann, und niemand weiß, wie es nach uns enden wird.

Der Krieg um Gondor

Mittelerde – Midgard in der Edda – ist der Teil im Westen der Erde, wo die weißhäutigen Menschen wohnen, in der Gesellschaft von Elben, Zwergen und Hobbits (Halblinge zwischen Zwerg und Mensch). Im Buch *Der Herr der Ringe,* ist Mittelerde als der Mensch und der menschliche Körper, wie auch als das europäische Festland, als nördliches, mittleres und südliches Reich, zu erkennen. Das lieblichen Land Ithilien erinnert an Italien. *Ithil* war der Name des Mondes, *Anor* hieß die Sonne. Zu beiden Seiten des großen Flusses, dem Anduin, hatten die Menschen von *Gondor* einen Turm gebaut: an ihrer eigenen, der Westseite, oben in ihrer Stadt der sieben Wälle, *Minas Anor*, den weißen Sonnenturm. Und auf der gegenüberliegenden Seite, *Minas Ithil*, den Mondturm. Dazwischen auf einer Insel, lag die Stadt der sieben Sterne, *Osgiliath*. Auf diese Weise verehrte man die Sonne, den Mond und die Planeten, die Kräfte, die die Natur und das Leben der Menschen beherrschten.

Aber die neun Ringgeister aus dem Schattenreich *Mordor* eroberten Minas Ithil und machten den Turm zu einer Wirkungsstätte schwarzer Magie. Es wurde die Mondsichel auf den Uniformen ihrer Sklaven zu einem Totenkopf verzerrt und in Gondor nannte man diesen unheimlichen Ort nun *Minas Morgul*, den Turm der Zauberei. Nachdem die Ringgeister die Stadt Osgiliath verwüstet hatten, wurde auch der Name des Sonnenturmes verändert in *Minas Tirith*, den Turm der Wacht.

Im *Menschen* passierte dasselbe. Sein Mond, der sein Denken wiederspiegelt, kann durch eine verfälschte Lehre vergiftet werden. Minas Morgul, die Hauptstadt Ithiliens, erinnert an Rom, die Hauptstadt Italiens, von der die Lehre verbreitet wurde.

Gondor war das Reich der Sonne. Dort regierten Könige, die ihr Volk zu Taten der Kunst und der Schönheit inspirierten und sie zur eigenen Anschauung und Erkenntnis ausbildeten. Deshalb bauten sie die herrliche Stadt in sieben Wällen auf, entsprechend den sieben Ebenen im lebenden Menschen, beherrscht durch den Geist als König, seinen eigenen Geist. Auf der höchsten Erhebung der Stadt stand der weiße Baum, gewachsen aus einem Sproß des Baumes Nimloth, aus dem Mutterland Westernis, mitgebracht auf den Schiffen der Königssöhne, die die Stadt gegründet hatten. Aufgerichtet steht dieser Baum in jedem Menschen, sein Stamm ist unser Rückenmarkkanal, seine gewundenen Zweige das Gehirn, wo erleuchtete Zellen die weißen Blumen schöpferischer Gedanken sind.

Wenn ein König über Gondor herrscht, wie der Geist über den ganzen Menschen, dann blüht der Lebensbaum.

In der Zeit, als die Erzählung beginnt, ist Gondor bereits Jahrhundertelang ohne König. Als der letzte kinderlose Fürst nicht mehr aus dem Krieg zurückgekehrt war, blieb der Thron unbesetzt und der Statthalter regierte weiter. Die Statthalterschaft ging vom Vater zum Sohn über, und man gewöhnte sich an diesen Zustand.

Geht es dem Menschen der zweiten Entwicklungsepoche nicht genauso, der Mensch, der die Einheit mit dem göttlichen Geist verloren hat und sich nun mit dem Verstand und dem Gewissen als Statthalter behelfen muß?

Die Bevölkerung von Gondor war weniger geworden, lebte kürzer, hatte weniger Kinder und vernachlässigte die Verteidigungsanlagen der Stadt. Der Baum war abgestorben. So ergeht es dem Menschen, der nicht mehr mit himmlischen Säften ernährt wird, ein verdorrter Baum, bestehend aus Pflichtgefühl und übernommener Gelehrtheit. Das Volk der lebenden Zellen in Körper und Seele sinkt herab, verschlammt, strotzt nicht mehr von Kraft.

Es muß sich erst etwas sehr Schlimmes ereignen, bevor die eingeschlafene Menschenseele alarmiert wird, und das geschieht ihr dann auch recht! Sauron, das große Übel, bedrohte Gondor, und gerade das war notwendig! Ohne Gegendruck, ohne Not, begreift die Seele nicht wie sehr sie den Geist als König braucht, um sie zu leiten!

Aragorn, der Thronfolger, war im Anzuge, aber er mußte einen Umweg durch den Berg der Toten machen, um Gondor noch rechtzeitig erreichen zu können, denn der Feind war bereits bis an die Mauern der Stadt vorgedrungen. Auch dort drohten Tod und Vernichtung. Es müssen Seele und Geist sich durch das Allerschlimmste finden, durch den mystischen Tod hindurch.

Denethor, der Statthalter, war ratlos, gelähmt vor Traurigkeit über den Tod seines ältesten Sohnes Boromir, aber eigentlich schon durch die vernichtende Kraft von Saurons verderbenden Willen angegriffen. Er unterlag dem Wahnsinn und der Zauberer Gandalf mußte die Stadt retten.

Wenn der Verstand in der Not der Seele versagt, wer kann ihr da noch helfen? *Gandalf*, das ist der *Glaube!*

Es ist der Glaube, der dem König der Ringgeister am Stadttor Widerstand leistet, das durch schwarze Magie vernichtet wurde. Der Glaube hält stand, bis der König kommt, Aragorn mit seiner Flotte, mit dem hochgehißten Banner des weißen Baumes! Der Glaube ist der ausgestreckte Arm der Seele, die zu versinken droht – und er wird vom Geist ergriffen und die Seele gerettet.

Gondor: das geschwächte Reich, das ist der Mensch, der nicht weiß, wo sein Gott geblieben ist. Das Reich, das sich mit dem Statthalter Verstand behelfen muß. Aber dieser Verstand läßt sich überreden, ihm ist nicht mehr zu vertrauen.

Wenn der Mond im Menschen verdorben ist und die Sonne nicht mehr das Heil des Königst empfängt, dann nützen auch die sieben Sterne wenig – ihre Stadt Osgiliath wurde verwüstet: Gaben und Kräfte, von den Planetengöttern an die Seele gegeben, können sich dann nicht entfalten. Der Mensch wird mittelmäßig, hilflos und bemitleidenswert.

Durch Hilfe aus der geistigen Welt von Aragorn, Gandalf, Imrahil und Eomer, konnte Saurons Macht, das Böse, zurückgeschlagen werden. Aber durch den Sieg in moralischen Auseinandersetzungen ist der Mensch noch nicht fertig. Hier muß er sich immer wieder von neuem bemühen. Darum setzt Aragorn alles auf eine Karte und fordert das Böse in seiner Festung Mordor selbst heraus, um von dem abzulenken, was sich im Verborgenen vollzieht: die Vernichtung des Ringes, der Machtgier, indem man den Zyklus zu schließen versucht: wo der Ring entstanden ist, dorthin kehrt er zurück. Jeder Zyklus, der Schöpfung und Erlösung umfaßt, vollzieht sich in seinem angemessenen Zeitraum. In der letzten Periode muß das Übel noch einmal freigelassen werden, damit sich jede Zelle des Volkes, jeder Mensch, entscheiden kann, ob er die Stadt dem König öffnen will.

Sauron ist für jedes Gondor notwendig. Das Böse muß den Menschen bedrohen, um ihn zum Bewußtwerden der Wahrheit zu zwingen.

Die Wolkendecke

Im Krieg um Gondor gehörte das Bedecken des Himmels mit schmutzigem Dampf zu Saurons Kampfmitteln. Dieser Qualm war so dick, daß es den ganzen Tag nicht hell werden konnte. Das war notwendig, weil seine Orks nicht im Sonnenlicht kämpfen konnten. Diese Bedeckung existiert auch jetzt, in unserer Zeit, und besteht aus einer dicken Schicht negativer Vorstellungen und Gedanken, die aus Presse, Rundfunk und Fernsehen – wie giftiger Rauch aus Fabrikschornsteinen – hervorquellen und die Köpfe von Millionen Zeitungslesern, Zuhörern und Zuschauern überdecken und einnebeln. Das Licht ihrer eigenen Einsichtigkeit dringt nicht mehr durch die Wolkendecke hindurch.

Wer jedoch diesen Nebel nicht einatmet, sondern innerlich die Verbindung von der Seele mit dem Licht aufrechterhält, kann andere mit Mut und Hoffnung beseelen!

Die Botschaft des Buches: Der Herr der Ringe

Der Kampf, der in diesem Buch beschrieben wird und der auch unser Kampf in dieser Zeit ist, – JETZT, – findet auf zwei verschiedenen Ebenen zugleich statt: im Äther und in der konkreten Materie. Der große Angreifer Sauron (Pluto, der Antichrist, oder wie man ihn auch nennen mag), sendet sein böses Auge, das rote Auge ohne Liddeckel, in den Äther hinaus, um die Pläne seiner Feinde erkennen zu können. Er kann sie nur im Äther erkennen, auf der empfindsamen Ebene der Seele, wo der Mensch mit ihm verwandt ist, also ihm auf dieser Schwingung antworten kann. Das kommt in der Erzählung auch in Hinblick auf den Palantir, die gläserne Kugel, zum Ausdruck (oder durch das Wasser z.B., das von Galadriel in eine Schüssel gegossen wie ein Spiegel wirkte). Wir Menschen besitzen alle diesen sogenannten gläsernen Körper in unserem Kopf, das "gläserne Meer" aus der Offenbarung des Johannes, worin wir Bilder empfangen können. Das ist das innere Fernsehen, das so alt ist wie die Welt.

Pippin schaute aus Neugierde in den Palantir und wurde sofort vom Auge ausgefragt. Die Kraft, die es ausstrahlte, ließ ihn erlahmen und fast zusammenbrechen. Der große Aragorn wagte es, auf der Hornburg mit festem Willen hineinzuschauen, um ihn herauszufordern und ihn von dem Ring abzulenken. Aragorn stellte sich dem Auge als König Elessar vor, den Erbfolger von Saurons Gegner Elendil, der sein Reich Gondor zurückerobern wollte. Dadurch aufgeschreckt, trachtete Sauron ihm zuvorzukommen und der Krieg gegen Gondor brach verfrüht aus.

Der Statthalter Denethor sah in dem Palantir im weißen Turm die Bilder der nahen Zukunft, die Sauron ihm zusandte: die Katastrophen, die Vernichtung Gondors, den Untergang. Da gab er seinen Widerstand auf und ließ sich verbrennen, um nicht schließlich in die Hände der Ringgeister zu fallen. Zur gleichen Zeit, als er sich dazu entschlossen hatte, widerstand der weiße Magier Gandalf dem Anführer der Ringgeister in all seiner Schrecklichkeit im Durchbruch des durch Zaubermacht eingestürzten Tores von Minas Tirith, Gondors mächtigster Festung der sieben Wälle. Der eine fiel durch den Angriff aus dem Äther, der andere widerstand. Gandalf sprach zu dem Ringgeist:

"Du kannst hier nicht hereinkommen. Geh zurück zu dem Abgrund, der für dich bereitet ist! Geh zurück! Stürze in das Nichts, das deinen Herrn und dich erwartet! Geh!"

Der Schwarze Reiter höhnte Gandalf und hob sein flammendes Schwert. Gandalf rührte sich nicht. Aber im selben Augenblick krähte irgendwo ein Hahn, schrill und klar krähte er, sich nicht um Zauberei und Krieg kümmernd, nur den Morgen begrüßend. Und als ob es eine Antwort sei, klang in der Ferne ein Signal: Hörner, Hörner. Rohan war endlich gekommen.

Der Schwarze Reiter wendete sein Pferd und verließ das Tor.

Folgendes ereignet sich, wenn der Mensch sich der großen Suggestion öffnet, die Sauron JETZT in tausend Formen in den Äther durch die Massenmedien ausschüttet: durch Fernsehen, Rundfunk, Presse und durch Vorträge und Unterrichtungen unschuldig aussehender Vereinigungen. Wenn seine verführerischen Ideale (z.B. der Weltfrieden oder das Bemühen um eine heile Welt) die Pforte der Seele geöffnet hat und zusammenbrechen ließ, gibt es nur noch einen, der Gondor retten kann: Gandalf, als Symbol für den *Glauben.*

Dann ist Aragorn im Anzuge, als unerschütterlicher *Wille*. Der Glaube, das ist das innere Gefühl der Wahrheit, das den Schein erkennt und die Lüge durchschaut, es ist der Glaube, der um das Wesentliche weiß.

Die schwache Seele, wie *Denethor,* und die nur neugierige Seele, wie *Pippin,* lassen sich in die Beeinflussung hineinziehen, die stärker zu sein scheint, als sie selbst. Denethor gab auf, denn die Bilder des Palantir konnten nicht lügen, der Untergang war nahe. Ja, viel wird untergehen, aber nicht alles, nicht alle. Nur jene, die sich beeinflussen lassen und glauben, daß unsere Erde doch schon hoffnungslos verdorben ist, daß die Welt in Kürze untergehen wird, daß es doch keinen Zweck hat, etwas gegen die Umweltvergiftung und das Verschwinden der Moral, zu tun. Wer sich dann aus dieser kranken Welt zurückzieht, handelt wie Denethor. Achte lieber auf die anderen!

Aragorn, der auf dem Schlachtfeld stritt, wußte es sehr gut, und sagte es noch einmal in der Beratung mit den Anführern auf dem Pelennor, daß wohl ein Angriff durch Waffengewalt abgewehrt, doch nicht der Krieg gewonnen werden kann. Der Feind ist mit Waffengewalt um so vieles stärker als sie. Nur wenn der Ring der Machtgier rechtzeitig vernichtet werden würde, hätte Gondor noch eine Chance zu überleben. Dieses bedeutet, daß das Suchen nach neuen Deponien für den Abfall der Industrie und den Atommüll und dergleichen Flickwerk, den Untergang nicht abwenden kann. Das kann nur durch die *Veränderung der Mentalität* erreicht werden. Das Opfern der Ambitionen, der Verzicht auf Gewalt und Macht in der Welt.

Der Wille vermag Sauron herauszufordern, der Glaube wird den Sieg bringen. Darum sagt Aragorn bei seiner Krönung, daß Gandalf ihm die Krone auf den Kopf setzen soll, denn Gandalf ist schließlich der Sieg zu verdanken. Wer einen starken Willen besitzt, kann sich als weißer Magier mit der schwarzen Macht im Streite messen. Aber nicht ohne den Glauben!

Der Glaube ist die Verbindung mit der göttlichen Welt, woraus uns die Kraft zuströmt.

Gewöhnliche Menschen sollten sich einmal fragen, über welche Waffenrüstung sie im Augenblick verfügen. Sie sollten nicht absichtlich in den Palantir hineinschauen, wie wenn man zu Hellsehern geht, sich in deren Voraussagen wiegt, wollüstig darüber redet und die eigene Angst und Furcht auf andere überträgt. Mache dich einmal von der materiellen Welt los, sieh nicht fern, lies keine Zeitung oder Wochenblätter, die zum größten Teil von Saurons Dienern gefüllt werden. Indem wir seine negativen Gedanken verbreiten, werden wir schon zu seinen Helfern!

Denn wie ist seine Arbeitsweise! Zuerst arbeitet er geradlinig im Äther, auf der psychischen Ebene, indem er Denkbilder rund um den Erdball aussendet. Vorstellungen, die bei manchen Menschen in Träumen von Katastrophen und Weltuntergang erscheinen. Bei anderen entwickeln sich diese Denkbilder zu Systemen, Erfindungen, intellektuellen Waffen, die in Zeitungsartikeln, in Kongreßreden und in Seminaren für Menschenführung ihren Platz finden. In berauschenden Filmen und netter Reklame, in Fernsehgesprächen, auf tausenderlei Art. Läßt man sich davon beeinflussen und spricht darüber, dann macht man mit als freiwilliger Werber, genau wie wenn man unbezahlte Werbung für eine Firma macht, deren bedruckte Tasche du über die Straße trägst.

Sind diese Vorstellungen doch bei dir eingedrungen, dann *wische sie aus,* schüttel sie ab, Ideen haben Beine. Sauron weiß, daß das, was er einmal ausgesandt hat, von allein weitergeht. Gedanken gehen über Grenzen und werden nicht von Raketen aufgehalten. Eine höchst wirtschaftliche Kriegsführung.

Halte dich da heraus. Stelle dir jedoch dein eigenes Empfangsgerät, deinen Palantir, auf eine andere Wellenlänge ein. Prüfe nicht nur mit deinem eigenen Wahrheitsgefühl was hineinkommt, sondern bete ohne Unterlaß, das bedeutet: *stimme dich ohne Unterbrechung auf deinen eigenen höchsten Gott ein und horche.*

Was der Mensch selbst hinaufsendet, ist Antwort und Nahrung für Sphären und Mächte im Äther, die von gleicher Schwingung sind. Nur das Gleiche kann das Gleiche erkennen. Der trügende Schein führt in das Nichts, genau wie Gandalf sagt. Deine subjektive Wahrheit führt jedoch zur objektiven Wahrheit.

Mächtig ist die Wahrheit in einem Menschen. Es ist ein Funke vom Lichte der Wahrheit und ist mit ihm verbunden, ist eins damit. Es ist die unüberwindliche Kraft, die, in die richtige Denkart gebracht, diese als positives Denkbild aussenden kann und mit großer Kraft in die Seelen der Hörer und Leser eindringt. Das ist der weiße Zauberspruch, der ohne Getöse die Pforten der Seelen öffnet! Auf diese Weise kann der Mensch wie Gandalf werden, der weiße Reiter, mit seinem wie Glamdring weißschillernden Wort! Was man aussendet: der Wille und Glaube zusammen, wie Aragorn und Gandalf gemeinsam in uns. Beide: die Kraft und das Bild, empfängt man, wenn man sich fortdauernd öffnet für das Einströmen der kosmischen Wahrheit. Die Energie des Geistes und das Denkbild sind Yang und Yin, plus und minus, Ausdehnung und Zusammenziehung, beide eine Einheit formend, wie jedes Atom, das nicht gespalten werden darf, denn dann kann die Kraft seines Bildes losgelöst für andere Zwecke gebraucht werden und als eine Waffe in die Hände von Feinden fallen. Die plutonische Kraft ist neutral. Es ist das Bild, dem die Kraft zugeführt wird und ihr Bedeutung und Richtung gibt. Das Bild ist wie ein Dia, das als Wirklichkeit anmutet, sobald das Licht wie eine Kraft hindurchstrahlt. Das Bild der Seele verwirklicht sich, sobald es mit der Kraft in Berührung kommt. So schafft jeder Mensch ständig mit an der Wirklichkeit vom ersten Augenblick an. Wir Menschen machen unsere Wirklichkeit! Das Bild bestimmt das Ziel, worauf die Kraft gerichtet wird. Ist dein Bild von Sauron entlehnt, dann schnellt deine Gedankenkraft wieder zu Sauron zurück, und du bist mit ihm verbunden — siehe zu, wie du wieder loskommst. Kommt dein Bild aus dem weißen Licht der Wahrheit, so wirkt es sich auf dieser Ebene wie eine Waffe des Lichtes aus. So, wie die hellweißen Lichtblitze aus Gandalfs Zauberstab!

Dreimal rief der schwarze Anführer seinen Zauberspruch aus. Einmal auf der Ebene der Gedanken, der mentalen Wellenlänge; das zweite Mal auf der Ebene des Gefühls, der astralen Wellenlänge; und das dritte Mal auf der Ebene des Willens und der Tat, der materiellen Wellenlänge. Als der Rammbaum zum dritten Mal krachte, brach das Tor aus Adamant zusammen. So arbeitet Sauron. Die materielle Gewalt des Krieges und der Revolution kommen zuletzt. Zuerst wird sie durch Gefühl und Gedanke vorbereitet. Ohne Plan kann die Tat nicht entstehen. Erkenne bei Licht deinen Teil des Planes und du wirst deine Lichtblitze gegen die schmutzige Wolkendecke von Saurons Suggestionen hinaufsenden, und der Wind der schnellen Gedanken wird sie aufrollen und verjagen, um die Sonne zu enthüllen!

Die Archetypen

Als die Erde noch jung war und die Menschen gerade erst erschaffen waren – da lief allein Tom Bombadil singend durch das Gras und die Elben spielten in den Mallornzweigen. Da gab es noch kein Spionieren oder Kämpfen. Damals war alles was lebte mit Kraft geladen. Die Sprache war heilig und man vergeudete sie nicht, denn jedes Wort war eine Tat, ein Zauberspruch, woraus Wesen entstanden. Gedanken verkörperten sich, Wesen wechselten ihre Gestalt, die Kraft spielte in den Formen.

Der Mensch wurde älter und aus der großen Verbundenheit sonderte er sich mit einem eigenen Ich heraus. Er wurde zum Zauberer, der den Elben die Kunst abguckte und Ringe nach eigenem Geschmack schmiedete. Er trat aus der Gesetzmäßigkeit der Schöpfung heraus. Er zauberte Trolle und Orks, den Nazgul und den Balrog. Dann fingen die Menschen an, ihre Fabeltiere zu bekämpfen: die Produkte ihrer eigenen Ver-bild-ung. Man verdrängte sie in ihre Höhlen und tat, als bestünden sie nicht mehr. Die mißbrauchte Sprache wurde kraftlos. Die Menschen, zufrieden mit dem was übriggeblieben war, gründeten Menschenreiche, so wie die freundlichen Hobbits ihr Auenland. Die Zwerge zogen sich zurück in ihre Grotten, die Elben in den dichten Wald, und mit den Tieren des Feldes sprach man nicht mehr. Die Verbindung des Menschen mit anderen Reichen versank in der Vergangenheit.

Nur tief im Grunde der Menschenseele, in Träumen auftauchend und in Märchen am Herdfeuer, konnten die früheren Lebensformen ihr eigenes Dasein fristen.

Man nennt sie die Archetypen, die alten Muster der vergessenen Welt, von denen jemand wie Tolkien erzählt. Jemand, der selbst noch einen Tropfen Elbenblut in den Adern hat. Er führt uns die Erberinnerung wieder vor Augen, und wir erleben sie wieder neu: den Bärenmenschen Beorn, den Drachen Smaug, den Raben Roac, die Spinne Kankra und den stolzen Adler Gwaihir. Gandalf, Galadriel, Arwen, die Schönheit in der Ferne, den dickköpfigen Thorin Eichenschild. Sie alle erinnern den Menschen, der nun taub und gleichgültig neben der Schöpfung herlebt, an seine verlorene Begabungen, an seine Zaubereien, die für sein eigenwilliges Ich zu gefährlich sind.

Da nun eine neue Ära anbricht, öffnen sich die menschlichen Augen und Ohren wieder, und der Mensch erkennt die Wesen, die seiner Seele entsprungen sind; das Bewußtseinsfeld weitet sich. Die Archetypen kommen aus den Seiten der Märchenbücher lebendig hervor. Die Pforte des Unterbewußtseins ist geöffnet, und wir nehmen alles das wieder auf, was wir vor langer Zeit einmal absonderten, als unser Herz noch ein Springbrunnen voller Schöpfungskraft war.

Der Kreis schließt sich. In der großen Wiedervereinigung gehen wir von Erkenntnis zu Erkenntnis.

Smaug

Wer war Smaug, der Drache, der die Zwerge aus dem Einsamen Berg vertrieben hatte? Der nun in Hitze und Gestank auf ihrem Gold lag?

Die *Habsucht* und die *Gier*, die ihre Schätze bewacht, anstatt sie zu nutzen! (Darum sagte man auch über den

Meister der Meerstadt, daß er von der Drachenkrankheit befallen sei, als er mit seinem Gold in die Wüste floh und dort vor Hunger starb). Das Gold und die Edelsteine, voller Kraft, liegen beim Menschen von heute auch unter dem Berg vergraben: Es ist die Schöpfungskraft der Geschlechtsdrüsen. Es ist die für die Seele bestimmte Nahrung, die jedoch nicht weiter sublimiert wird. Es muß sich erst etwas Schlimmes ereignen, bevor er begreift, daß er nicht geschaffen ist, seine Kräfte für Hochmut und Experimente zu mißbrauchen, sondern daß er sie für den Aufbau seiner Seele einsetzen soll. Solange das *Habenwollen* das *Sein* überwuchert, bleibt die verdorrte und unfruchtbare Wüste um das einsame Ich bestehen. Erst wenn die Schätze zu herrlichen Gebrauchsgegenständen, zu wahrer Kultur verarbeitet sind, tragen sie zum eigentlichen Ziel bei. Und das ist erst möglich, wenn der Drache getötet wird. Durch Bard den Sagittarius (Schütze), den Idealisten, der mit seinem letzten Pfeil trifft.

Die Menschenseele, die in sich selbst Smaug überwindet und aus der daraus gewonnenen Kraft den Kampf für ihren richtigen Gebrauch besteht, wird – der ursprünglichen Absicht entsprechend – Mitschöpfer auf Erden.

Kankra

Wer ist Kankra? (Namensgebung nach dem Urtext: Shelob) Ihr Name beginnt mit *she,* sie. Sie ist das Bild der Frau als der schrecklichen großen Mutter, der weiblichen Allmacht, gegen die niemand etwas ausrichten kann. Gefürchtet und sogar von den Orks verabscheut, lebte sie als brauchbare Bewacherin in einer Höhle am Bergpass von Cirith Ungol, dem geheimen Zugang oder Ausgang von Mordor, der in Saurons Diensten stand. Die große Spinne, die Männer in ihren Spinnweben fängt, sie mit Gift betäubt und dann aussaugt.

Sie ist die große Frau, vor der man Angst hat, weil sie unvorhergesehene Tücken hat und unersättlich die Ichs ihrer Opfer ausschlürft. Man kann ihr nicht entkommen, sie ist der große Albdruck, der alles überwältigt. Die Naturgewalt der Hysterie. Die Machtgier in weiblicher Version. Saurons Macht, in der Gestalt einer Spinne, die plutonische Übermacht verkörpernd.

Kankra stellt die erste Phase, die magische Urform dar, auf die das junge Ich nicht bedacht ist. Aber wenn das Ich, das in der Gestalt von Sam verkörpert ist, keine Angst hat, dann wird sich Kankra doch an diesem spitzen Ich verwunden.

Genau wie in so manchen Märchen, wo es der große Riese am Ende doch nicht fertigbringt, gegen seinen kleinen schlauen Gegner zu bestehen. Denn wie die plötzlich aufwallende Gier der Naturgewalten das nüchterne Verstandes-Ich nicht zu erkennen vermag, genau so fremd und unberechenbar erscheinen diesem Ich die Triebe der Natur. Der Verstand hat seine Tücken und versteht es schließlich, die Naturgewalten in seinen Dienst zu stellen.

Mit allem, was unten im Keller der Seele haust, muß das Verstandes-Ich umzugehen lernen.

Beorn

Beorn ist tagsüber ein gewaltiger, aber freundlicher Mann und des nachts ein Bär unter anderen Bären. Er lebt auf der Grenze zwischen Tier und Mensch, wie das in alten Zeiten normal war, und noch heute zeugen Überreste, sowie Werwölfe und Hyänenmänner, von diesen vergangenen Existenzen. Gemeint ist nicht der Afrikaner, der nachts eine Hyänenhaut mit Eisenklauen überzieht, um irgendwo einen Mord zu begehen, sondern der Echte, der auf einem Flekken, wo weiße Ameisen wohnen, also dort wo eine starke Erdstrahlung herrscht, sich wirklich mit Hilfe der Erdkräfte in ein Tier verwandelt. Das heißt, sein inneres Tier, seine hyänenhafte Mordlust der heimtückischen Sorte, die in seiner Seele lebt, tritt nach außen und der Mensch nach innen: er stülpt sich um.

Jeder Stamm hat sein Totemtier, dessen Wesen als Archetyp in der Seele lebt. Die Menschen erkennen in diesem Tier sich selbst und fügen es dann in ihr Wappen (z.B. Löwe, Adler, Einhorn). Darum töten sie es nicht, denn das wäre Selbstmord. Sie laden sich an der Urkraft auf, die sich gerade in diesem oder jenen Tier verkörpert hat. Wer sich immer wieder einer Leidenschaft hingibt, wird selbst zu dieser Leidenschaft, und das innere Bild dieses Tieres kommt immer mehr im Äußeren zum Ausdruck. Achten Sie einmal darauf, wie viele Menschen einem bestimmten Tier ähnlich sehen. Und das ist dann auch oft ihr Lieblingstier. Darum sind die Totemtiere noch unter uns. Am Tage wirkt Beorn sehr bärenhaft, so daß die Zwerge zuerst ein wenig Angst vor ihm haben. Man muß es auch verstehen, mit ihm taktisch richtig umzugehen, so wie Gandalf mit seiner Art richtig umzugehen weiß. Wenn man auf diese Weise seine Freundschaft gewonnen hat, kann man mit seiner Hilfe und seinem Schutz rechnen. Dann hilft Beorn sogar im Krieg der fünf Heere mit!

Die Tiere in uns, die animalischen Triebe, werden gespeist aus dem unermeßlichen Kraftreservoir der Natur. Dadurch sind sie zu gewaltigen Leistungen fähig. Doch vom Instinkt der Gattung geleitet, kann die Naturkraft bestimmte Begabungen zur Entwicklung bringen. So konnte Beorn Hunde, Schafe und Pferde abrichten und für sich arbeiten lassen. Der Mensch kann das auch und zwar durch Schulung der bereits bestehenden Anlagen. Darauf muß die Erziehung der Kinder, sowie bei uns selbst gerichtet sein: nämlich dasjenige zu schulen, wozu wir kaum in der Lage sind, weil die

Anlagen noch nicht ausreichend entwickelt sind. Nicht beharren auf den Fähigkeiten, die wir schon haben, sondern sich um das bemühen, was irgendwo schon vorhanden ist.

Jedes bestimmte Tier in uns kann nach außen gebracht werden, in Wechselwirkung mit den Tieren, die um uns lebe. Da können wir mutig wie ein Löwe, anhänglich wie ein Hund, weise wie eine Schildkröte oder entspannt wie eine Katze werden.

Gandalf ist der Lehrer, der unserem Zwergen- oder Hobbit-Ich dieses lehrt.

Legolas, der Elb

Der Elb im Menschen ist sein Heimweh zur Schönheit. Legolas wohnte dem Rat von Elrond bei, um das Dunkel zurückzudrängen, das sich über den Düsterwald ausbreitete, der frühere schöne Grünwald, wo jetzt dunkle Gestalten rund um das Waldelbenreich spionierten und jagten. Wir wollen unsere Aufgabe in der verdorbenen Welt verrichten und sie zu verbessern helfen. Unser Heimweh entsteht dadurch, daß wir von unserer Vergangenheit, von der ursprünglichen reinen Seele, angetan sind.

Legolas *sah weiter* als jeder andere der Reisegesellschaft. Er konnte noch das verlorene Mutterland, die Insel Eressea, sehen. Kleine Kinder und alte Menschen sind von Natur aus weitsichtig, sie haben sich noch nicht oder nicht mehr in die Materie hineinbegeben. Das Heimweh ist bei ihnen lebendig, wie bei Legolas, der eine Möwe über dem Anduin sehend, vor Heimweh sein Elbenlied singend an der Uferböschung daherschritt, voll Sehnsucht nach dem Meer und den Segeln im Wind. Er hatte zu viel Scheußliches gesehen, um noch lange bleiben zu können.

Legolas *brauchte nicht mehr zu schlafen.* Er stand regungslos in der Mondnacht und lauschte, wenn die Reisegefährten in Decken gehüllt darniederlagen. Schlaf ist der Trost, den der Mensch als Kraftquelle benötigt. Was er an Energie von sich gibt, muß er auch wieder zurückgewinnen, weil sie den Menschen nie in vollem Maße durchströmen kann. Bei den Elben, die noch in der Einheit und mehr im Ätherischen als im Materiellen lebten, strömte die kosmische Kraft stets ungehindert hindurch.

Ein Elb ist im Stofflichen kaum zu sehen und für den heutigen Menschen fast nie, wohl aber zur Zeit der Erzählung. Legolas lief so leichten Fußes, daß er mit dem unebnen Boden keine Mühe hatte und von einer langen Wanderung nicht müde wurde. Auch hatte er keine Angst vor den Schatten der Toten, die immerhin für ihn genauso real waren, wie seine eigenen Artgenossen. Sie jagten ihm keine Angst ein.

Der Elb stimmt mit unserem Astralleib überein. Es spricht der Elb in uns das Verlangen zum lichteren Sein an.

Der traditionelle Zwist zwischen Elben und Zwergen wird jetzt auch begreiflich: die Zwerge tauchen so tief wie möglich in die Materie, in die Erdkruste hinein, um dort nach jetzt auch begreifbar: die Zwerge tauchen so tief wie möglich in die Materie, in die Erdkruste hinein, um dort nach den meist harten und auskristallisierten Vorkommen, wie Erzen und Edelsteinen, zu graben. Derweil die Elben gerade mit ihren Zehen die Erde berührten und gerne hoch in den Bäumen lebten, wie die Vögel, so, wie die Baumelben in Lothlorien. Elb und Zwerg verkörpern im Menschen das *Jenseits* und das *Diesseits,* das Himmlische und das Irdische, den meditierenden und den praktischen Menschen. Tolkien schildert anhand der Freundschaft von Legolas und Gimli, wie die beiden Aspekte der Menschenseele sich finden müssen, um zu einer Einheit zu verschmelzen. Legolas folgt Gimli, um die glitzernden Grotten bei der Hornburg zu besichtigen, und Gimli begleitet Legolas in den furchteinflößenden Wald Fangorn, in dem der Zwerg sich fürchtet.

Die Menschen, die es in ihrem stofflichen Körper kaum aushalten können, sie sind wie Legolas. Es sind diejenigen, die, wenn sie das Meer riechen, vor Heimweh nach Eressëa, der Insel der Glückseligen, sich verzehren. "Diese Möwen! Sie beunruhigen mein Herz. Ich vergaß den Krieg in Mittelerde, denn ihre klagenden Stimmen erzählten mir von dem Meer. Tief im Herzen meines Geschlechtes schlummert das Verlangen nach dem Meer und es ist gefährlich, es zu wekken. Ach, diese Möwen! Nie wieder werde ich unter Buche und Ulme meine Ruhe finden."

Aragorn

Wer sind die Retter der Menschheit?

Es sind feurige Schützen*, die wie Gandalf über den Erdball von einer Instanz zur anderen reisen, um zu beeinflussen, zu warnen, zu stimulieren – sie schieben oder bremsen das Rad des Schicksals.

Es gibt andere, durch viele Erfahrungen ruhig und weise geworden, die ihren Sitz in einem verborgenen Tal, in einem Kreis von Glücklichen gefunden haben. Sie haben ihren Zyklus vollbracht. Sie senden schweigend und ungesehen ihre Gedanken um die Welt. Über sie schreibt man viele schöne Bücher.

Beide Richtungen werden von ihren Anhängern anerkannt und von ihren Feinden respektiert.

Es gibt eine dritte Richtung, die in der profanen Welt nicht erkannt wird. Es sind diejenigen, die wie Aragorn unerkannt in der Welt unter dem grauen Mantel der Anonymität leben. Sie können überall mitreden, sind Mensch unter Menschen, Hobbit unter Hobbits, Elb unter Elben. Sie sind bekannt unter Spitznamen, wie Streicher seines schäbigen Aussehens wegen. Sie sind so ruhig und einfach in ihrem Verhalten, daß niemand etwas besonderes an ihnen bemerkt, sie nicht mit den Aufgaben einer Endzeit in Verbindung bringt. Das sind die Menschen mit der schwierigen Aufgabe. Die Menschen, die bis zur letzten Konsequenz gehen. Wenn sie im Krieg um Gondor, im Kampf um das Leben, eine große Schlacht gewonnen haben, werden sie sich nicht auf ihren wohlverdienten Lorbeeren ausruhen. Nein,

* Schütze, gemeint ist das Tierkreiszeichen.

nach jedem erreichten Ziel kommt das nächste an die Reihe. Haben sie etwas lernen können, wenden sie sich sofort der nächsten Aufgabe zu. Sie kennen kein Aufhören ihrer Bestimmung. Führer, wie Elrond, erteilen Ratschläge und spornen andere an, um ihren Teil der Arbeit zu tun. Menschen, wie Aragorn, stellen sich mit ihrer ganzen Seele, ihrem Körper und ihrem Leben in den Dienst jeder Aufgabe, jeder Auseinandersetzung, in jede Angst und in jede Prüfung hinein.

Und solange sie noch nicht bereit sind, tragen sie ihren grauen Mantel, der ihr wahres Wesen verbirgt. Viele Gruppen meinen: er ist einer der unsrigen. Denn überall, wo man es ehrlich meint, auch wenn man nicht in die inneren Sachverhalte hineinschaut, kann jemand wie Aragorn mitreden und mitspielen. In jeder aufrichtigen Glaubensgemeinschaft kann er Loblieder mitsingen, Kranke heilen und beim Fest mittanzen. Der graue Mantel findet nirgendwo einen Grund des Anstoßes.

Aragorn ist der Gehorsame, der Bescheidene. Es ist ihm gleichgültig, ob er bei seinem Sieg Zeugen hat, oder Mitwisser in seinem Leid. Er spricht nicht über sich selbst und seine Königsherrschaft, ehe die Zeit reif dafür ist. Er tut Dinge, die man nicht versteht oder verkehrt auslegen könnte. Er kümmert sich nicht um sein Ansehen. Denn er lebt gehorsam nach dem inneren Gebot seiner Bestimmung. Er macht auch die schmutzige Arbeit und es macht ihm nichts aus, daß er verkannt wird, er verbirgt sein Licht unter seinem grauen Mantel. Weil er weiß, wer er ist und wozu er verpflichtet ist, gemäß seiner königlichen Abkunft. Er muß höheren Erwartungen entsprechen als das Volk um ihn herum, mit dem er das Pfeifenkraut raucht. Ein Leben bis zur äußersten Konsequenz; das zu üben was er noch nicht kann oder wovor er Abscheu hat. Nichts aus dem Wege zu gehen, nicht einmal den furchteinjagenden Pfaden der Toten. Wenn dann die Anerkennung kommt, wenn Aragorn König wird, ist er gegen Lob und Ehre immun.

Die Weltöffentlichkeit vergafft sich in diejenigen, die Macht demonstrieren, äußerlich in Organisationen und in der Politik oder innerlich in der Welt des Okkultismus. Größer sind diejenigen, die in dieser Welt ihren grauen Mantel der Unbekanntheit oder Verkanntheit tragen, und dessen wirklicher Name nur in anderen Welten bekannt ist, die sie freiwillig verlassen haben, um ihren Teil des großen Werkes auf sich zu nehmen.

Bedenke, daß wahre Adepten nicht mit einem Etikett auf der Brust herumlaufen oder Heilige an ihrem Heiligenschein zu erkennen sind. Nur jene von königlicher Abkunft können einander erkennen. Aber sie kleben nicht gesellig aneinander, im Gegenteil. Einsam, jeder für sich und seiner Aufgabe treu, durchkreuzen sie die dunklen Wälder des Bewußtseins, um die Arglosen zu beschützen. Erst als die Dunedain mit ihm in den Krieg gezogen waren, entdeckten die Hobbits seine Empfindsamkeit!

Aragorn war kein Mann von beschönigenden Worten, jedoch wie feinfühlig, schonend und doch die peinliche Wahrheit nicht verschweigend, sprach er zu Eowyn. Ein einziges Mal sahen die Hobbits mit Erstaunen, wie königlich seine Gestalt war, als er bei der Mahlzeit in Rivendel vor Arwen erschien; wie er sich auch im Grasland von Rohan Eomer zu erkennen gab. Erst bei seiner Krönung konnte man ermessen, wie groß und leuchtend er war.

Von der Hochzeit mit Arwen und über die Geburt seines Sohnes wird in der Erzählung nichts gesagt. Weil es für ihn nichts Erhebenderes war, als das, was er schon in seiner Jugend in vollem Maße seines Herzens erlebt hatte. Oft wird ein Wunsch erst erfüllt, wenn man schon über ihn hinausgewachsen ist.

Oder vielleicht darum, weil der Traum doch immer schöner ist, als die Wirklichkeit bei Tageslicht. Und damit es uns bewußt wird: das Ideal, das uns vorgehalten wird, dient nur unserer Entwicklung, damit wir das Opfern lernen.

Auch Arwen mußte ein großes Opfer bringen. Aus dem Elbengeschlecht stammend, blieb die Unsterbliche einsam zurück, als Aragorn sie durch seinen Tod verließ, den er herannahen sah. So geradlinig wie sein Leben verlief, war auch sein Sterben. Er wollte nicht vor ihren Augen dahinsiechen. Seine Aufgabe war vollbracht und er legte sich nieder und ging freiwillig hinüber. Solange er noch nicht fertig war, kämpfte er in vielen gefährlichen Situationen um sein Leben. Als alles vollbracht war, zögerte er nicht aus Mitleid. Welch eine Größe.

Aragorn und Frodo, sie verstanden sich im Verzichten.

"Nicht alles, was Gold ist, funkelt,
Nicht jeder, der wandert, verlorn,
Das Alte wird nicht verdunkelt
Noch Wurzeln der Tiefe erfrorn.

Aus Asche wird Feuer geschlagen,
Aus Schatten geht Licht hervor;
Heil wird geborstnes Schwert,
Und König, der die Krone verlorn."

Sauron

Wer ist eigentlich Sauron? Er weist Eigenschaften sowohl von *Luzifer* als auch von *Pluto* auf, die beide Planetengeister oder Götter darstellen. Man könnte ihn auch den "Antichrist" nennen. Der Planetengeist *Luzifer*, der Lichtträger, einst das Lieblingskind vom Sonnengott, wollte seinem Vater die Oberherrschaft über dieses Sonnensystem entrauben und wurde dafür mit seinen Anhängern auf die Erde verbannt. Fortan teilt er die Regierung über die Erde mit seiner Schwester, der Erdmutter *Gea*.

Von diesem Zeitpunkt an entstand im Menschen und in allen zweipoligen Geschöpfen die Zweiheit. Luzifer ist der Ursprung und das Symbol des menschlichen *Hochmuts*, der die Meinung vertritt, die Schöpfung verbessern zu können. Schonungslos setzte Luzifer die Menschen seines Planeten den Naturgewalten aus, bis dieser in Brocken auseinanderbarst, die immernoch als Planetoiden in der alten Umlaufbahn zwischen den Bahnen von Mars und Jupiter kreisen.

Nun auf Erden flüstert Luzifer den Menschen dieselben Gedanken ein, enthüllt ihnen die Naturgeheimnisse, um sie zu verleiten, mit der Energie der Atomspaltung, der Menschenzucht in Retorten und der Herstellung von unzerstörbarem Kunststoff eine eigene Ordnung aufzubauen. Diese Ordnung besteht größtenteils aus *nachgeahmter* Materie, die schon im Äther, im menschlichen Ätherleib und in seiner Seele existiert. Die telepathische Kommunikation wird durch das Telefon und das Radio nachgemacht. Man kann nichts dagegen sagen, solange dadurch nicht die ursprünglichen Fähigkeiten vernachlässigt werden. Denn dann macht man sich selbst abhängig.

Sauron wird als derjenige beschrieben, der danach trachtet, alles nachzumachen. Er will Elben machen und erzeugt Orks, und sein Versuch Ents zu machen, bringt Trolle hervor. Es ist alles viel gröber und häßlicher und unbeholfener.

Das Bedeutendste, was er macht, ist der Ring der Macht. Die Technik lernte er von den Elbenschmieden in Eregion, also von der ätherischen Welt. So wurde der Ring auch wieder ein materieller Ausdruck dessen, was in der Seele anwesend war: die *Machtgier*. Er konnte nur seinen eigenen Inhalt wiedergeben. Machtgier ist plutonisch. Sauron legte seine eigene Kraft in den Ring, um auch auf Abstand seinen Träger beeinflussen zu können. Zugleich war dies eine Gefahr für ihn: sollte der Ring vernichtet werden, dann wäre auch er selbst verloren. In Märchen lesen wir oft über große dumme Riesen, deren Leben oder Kraft in einem kleinen Gegenstand verborgen ist. Wird dieser von dem Helden aufgespürt und zerstört, dann stirbt auch der Riese. Dieses Beispiel warnt uns: wir sollten nie unsere menschliche Seelentätigkeit in materiellen Geräten manifestieren, denn wenn die einmal verloren gehen, dann ist der Mensch, der seine Fähigkeiten vergaß, hilflos und zum Untergang verurteilt. Daß der Ring die Kraft und die Macht von Sauron beinhaltete, wird aus der Tatsache ersichtlich, daß die Vernichtung des Ringes im Feuer seines Ursprungs alle Werke Saurons zusammenstürzen ließ und auch ihn selbst auflöste.

Dies ist eine große Warnung für die heute lebenden Menschen. Man könnte sagen: Der Ring war der Anknüpfungspunkt von Saurons Ich an die stoffliche Welt. Sein Lebensziel, sein Glück und die Möglichkeit seines Bestehens, hatte er in die Beherrschung der Materie und in die ihm versklavten Geschöpfe gelegt. Seine Ringgeister, seine Orks und seine anderen Diener, waren eigentlich Verkörperungen seiner eigenen Gedankenbilder, die durch seine psychische

Energie lebten und arbeiteten. Sobald der Ring, der den "Transformator" von Saurons Macht darstellte, fortfiel, konnte er seine Willenskraft nicht mehr aussenden und seine Diener wurden machtlos. Dieses geschah – im allerletzten Augenblick!

Saruman

Sein Lehrling *Saruman*, der noch im Besitz seines eigenen Ichs war, ist das zweite und in mancher Hinsicht deutlichere Bild von Luzifer. Denn er war ursprünglich wie Luzifer ein weißer Geist, ein Lichtgeist gewesen, wie auch Sauron in ferner Vergangenheit einer gewesen war. Er konnte sich noch für zwei Möglichkeiten entscheiden. Auch nachdem Gandalf seinen Stab gebrochen hatte, konnte er mit seiner samtenen Stimme noch Ahnungslose betören und Böses im Auenland anrichten. Beide, Sauron und Saruman, sind gekennzeichnet durch die *Verwüstung der Natur*. Mordor und Orthanc zur Zeit Sarmans lassen an das Ruhrgebiet oder Tokio denken.

Das Gleichnis mit *Pluto*, dem Gott der Unterwelt, liegt in der Tatsache, daß beide ihre Werkzeuge und Waffen in *unterirdischen* Werkstätten schmiedeten. Ebenso wie Pluto, ist Sauron ein schwarzer Herrscher auf dem schwarzen Thron. Beide bilden die Urkraft aus, die *sexuelle Energie* im Unterleib und den *Machtwillen* auf dem Grunde der Seele. Dies ist der erste Ausdruck der Urkraft im Menschen, solange sie nicht von der Reihe der Transformatoren in Seele, Ätherleib und Körper, verfeinert worden ist. (Die sogenannten Chakras, die analog mit den Drüsen der inneren Sekretion sind.) In der Erzählung stimmen diese Transformatoren auch mit den Aufbewahrungsplätzen der Palantire in den Reichen von Mittelerde überein.

In allen Bereichen der Natur ist diese Urkraft anwesend, daher verfügen so viele Zwerge, Elben und Menschen über Zauberringe. Die Ringe drücken verschiedene Transformationen der einen Schöpfungskraft aus, die Anlage der sogenannten höheren Fähigkeiten im Menschen. Diese Anlage ist neutral, es hängt nur vom Menschen selbst ab, ob er sie für weiße oder schwarze Magie benutzt. Unter weißer Magie verstehen wir die Gaben des Heiligen Geistes: heilen, aufrichten, vergeben und befreien.

Plutos Kraft wirkt am stärksten am Beginn einer großen Periode im Leben der Erde. Er schuf die ältesten und einfachsten Tier- und Pflanzenformen: Einzeller, Moose, Schimmel und Algen. Er wirkt auch stark auf die heutige Übergangszeit ein, die sich zu einer neuen Ära entwickelt; daher das große Interesse für diese Naturprodukte, wie auch für Magie und Okkultismus. Das unterirdische von Pluto zeigt sich im "Underground" und in den Subkulturformen und in den Bewegungen der Untergrundpolitik. Auch in der Ausbeutung der Bodenschätze, wie Erdöl und Erdgas, wie auch im Sex, der aus der körperlichen Unterwelt freigelassen wird, sowie in der Kriminalität der Gesellschaft.

Sauron ist Pluto, und Saruman ist der falsche Prophet von Luzifer, der einen großen Anteil an der modernen Wissenschaft und Technik hat.

Pluto ist als Planetenkraft der Herrscher über das Tierkreiszeichen *Skorpion,* das in diesem Buch in den Figuren von Frodo und Gollum deutlich zum Ausdruck kommt. Sam verspürt diese Verwandtschaft. Gollum bleibt dabei, in den Tiefen zu wühlen, Frodo sublimiert seine Wesensart zum Adler, wie das Zeichen Skorpion im Osten benannt wird. Er ragt innerlich über alles hinaus. Auf ihrer gemeinsamen Reise durch Mordor betreten sie ihre eigenen unbewußten Tiefen. Frodo muß dazu noch mit seinem Karma Kankra abrechnen, das ihn durch den mystischen Tod führt, genauso, wie der Balrog mit Gandalf in den Tiefen Morias verfährt.

Sauron ist das sogenannte Böse, das über eine gewisse Zeitdauer losgelassen wird, um die Menschheit und andere Geschöpfe zu prüfen. Wem die Gier nach der Macht nichts anhaben kann, ist überlebensfähig für das neue Zeitalter. Das sind die Wesen, wie sie vor dem Sündenfall existierten, wie Tom Bombadil. Und es sind diejenigen, die dem Ring widerstehen, wie Gandalf, Galadriel und Aragorn, die freiwillig verzichten.

Polaritäten

Im Buch *Der Herr der Ringe* ist auffallend, wie die Polarität immer als eine Gesetzmäßigkeit auftritt, sei es als Yang und Yin oder als Gut und Böse.

Mittelerde

Zunächst einmal betrachten wir das Land Mittelerde, die Westhälfte und die Osthälfte, getrennt durch den großen Fluß, den Anduin. In der Westhälfte liegt stets ein Kern des Guten, in der Osthälfte ein Kern des Bösen.

Anfangs lag im Westen das nördliche Königreich Numenor in Verbannung: das Königreich *Anor* mit der Stadt Annuminas, wo noch das silberne Zepter aus der Stadt Numenor aufbewahrt wurde – und dort gegenüber entstand das Reich *Angmar* des bösen Zauberkönigs, der später das Haupt der Ringgeister und das Werkzeug Saurons wurde. Die Gegensätzlichkeit lag darin: weiße Magie gegenüber schwarzer Magie, eine Fortsetzung der zwei Parteien am früheren Hofe von Numenor (Atlantis).

Diese beiden Reiche lagen westlich des Anduin, aber wurden durch den Grünweg von Tharbad im Süden nach Fornost im Norden getrennt.

Weiter südlich finden wir die liebliche Enklave *Lothlorien,* das Baumelbenreich im Westen und gegenüber, östlich des Anduin, die abscheuliche Marterhöhle Saurons, *Dol Guldur.*

Und dann folgt westlich das Reich *Gondor* mit dem *Sonnenturm*, und östlich, genau gegenüber, das Reich *Mordor* mit dem *Mondturm*.

Gondor bedeutet all das Gute und Wahre, das der Mensch noch von seinem himmlischen Ursprung her behalten hat. Mordor versinnbildlicht die Abweichung davon, das Nachgemachte, das ohne Verbindung mit dem Ursprung ist.

Aus der Erzählung wird ersichtlich, *daß alles Gute nur sich selbst gleicht, wenn es nicht vom Bösen herausgefordert wird.* Jede Entwicklung wird durch Induktion verursacht, durch eine Gefahr, damit die schlafenden Fähigkeiten erweckt und zur Entfaltung gebracht werden. Die Bedrohung von Gondor durch Mordor war für eine Erneuerung notwendig, und in Wirklichkeit rettete der Krieg das Königreich und das Volk, auch wenn er große Opfer forderte und der Ausgang des Kampfes auf des Messers Schneide stand.

Von höherer Sicht aus gesehen, von der kosmischen Gesetzmäßigkeit her, müssen sich Dinge ereignen, die auf der alltäglichen Ebene, für das persönliche Gewissen, verwerflich sind. Das sind zwei Ordnungen, die einander nicht berühren.

Wenn man *Mittelerde* mehr oder weniger als Analogie zum *menschlichen Körper* betrachtet, dann ist der Anduin der Rückenmarkkanal, die Nebenflüsse bilden die Nervenbahnen und die verschiedenen Landschaften formen die Organe des Körpers. Die linke und die rechte Hälfte liegen dann wie ergänzende Gegenteile einander gegenüber. Und dieses wiederholt sich endlos in den anderen Teilen: das magnetische Blutgefäß ist vom elektrischen Nerv umgeben, die Schilddrüse und die Nebenschilddrüse, der Kern und die Schale (z.B. bei Nebenniere), die weiße und die graue Gehirnmasse, der Ober- und der Unterkörper des Menschen, die miteinander korrespondieren, usw. Es gibt im Körper heiße Schmiede und liebliche Ruheplätze, und unter den Zellen emsige Zwerge und singende Elben. Es steht der Körper als Zwergenreich dem Ätherleib als Elbenreich gegenüber. Aber es steht auch innerhalb des Körpers, das *Mineralische* dem *Vegetativen* gegenüber, wie *Zwerge* zu *Elben*. Und wenn wir Gimli den Zwerg und Legolas den Elb betrachten, wie beide in ihrer Verschiedenheit Freundschaft schließen, so gibt uns dieses Buch ständig wieder ein Vorbild für sie Auflösung von Gegensätzlichkeiten, für die Krönung einer Polarität in ihrer versöhnenden Synthese.

Die Ringe bedeuten die Kräfte, die Fähigkeiten von jedem Aspekt im Menschen: Das Mineralische, das Vegetative, das Animalische und das Humane. *Der Ring der Macht untersteht dem Willen des Ichs. Derweil das Mineralische den Körper, das Vegetative den Lebensleib, das Animalische den Astralkörper und das Humane das Mentale,* darstellt. Das Ich muß, wie wertvoll es auch sein mag, am Ende seines Zyklus als eine Gefahr geopfert werden, wenn es wieder einen König von Gondor geben und der Geist im Menschen regieren soll.

Je höher der Mensch sich entwickelt, desto gefährlicher wird sein eigener Wille: sein Ring der Macht. Bombadil, der die Natur in der ersten Phase der menschlichen Entwicklung darstellt, konnte noch nicht verleitet werden, denn er lebte noch in der Einheit. Über ihn hatte der Ring keine Macht, er machte ihn nicht unsichtbar. Die Hobbits, Bilbo und Frodo, waren in der Lage, den Ring lange Zeit zu tragen, ohne viel Schaden zu nehmen, sie waren kindlich in ihrer Art. Aber gerade die Großen, wie Gandalf, Galadriel oder Aragorn durften den Ring nicht an sich nehmen.

Der Okkultist, der in die Technik der Magie eingeweiht ist, schwebt in größter Gefahr, wenn er sein Ich noch besitzt, den Ring noch nicht in das Feuer geworfen hat.

Gandalf und Saruman

Gandalf und Saruman bilden wieder eine Polarität. Beide sind große Zauberer, der eine im Aufstieg (von grau zu weiß), der andere im Abstieg (von weiß zu schwarz). Zuerst ist Saruman der Gewinner: er nimmt Gandalf gefangen. Dieser wird gerettet durch seinen sauberen Idealismus: den Adler. Danach muß Gandalf mit seinem ältesten Karma abrechnen: dem Balrog in Moria, der von den Zwergen geweckt wurde, weil sie dort zu tief gegraben hatten (im Unterbewußtsein der Seele). Folglich wurde Gandalf, der durch den mystischen Tod weiß geworden war, als weißer Reiter unüberwindlich und fähig, Sarumans Stab zu brechen. Saruman war zu versessen auf die magischen Techniken Saurons gewesen, er war auf dem Wege, ihm nachzufolgen. Er betrat die zweite Phase, als er sagte: was kann man mit dem Weiß anfangen? Das Weiß muß in Farben gebrochen werden, um etwas damit anfangen zu können! – Er zerbrach die Einheit in die Vielheit der Denkbilder des Ichs. Und so verlor er das Weiß.

Lothlorien und Rivendel

Lothlorien und Rivendel waren Enklaven in Mittelerde, mit den Heiligtümern im menschlichen Organismus übereinstimmend, wo noch etwas aus dem ursprünglichen paradiesischen Zustand bewahrt wurde. *Rivendel* ist das Heiligtum des *Herzen*, wo die Wahrheit noch leben und ihre Stimme erheben kann – darum kann das Herz die Lüge erkennen. Man hört im Buch die Personen oft sagen: . . . aber mein Herz sagt mir . . .

Rivendel steht im Gegensatz zu *Minas Tirith,* wie das *Herz* zum *Kopf,* dem Verstand. Denethor versuchte sich als Statthalter vom königlichen Geist mit den Kenntnissen der Vergangenheit sich zu behaupten: dabei half ihm seine Bibliothek und ein Rest -telepathischer Fähigkeiten: der Palantir im Turm. In Rivendel kennt der Rat von Elrond die Wahrheit. Der ratlos gewordene Kopf sucht beim Herzen Hilfe, als Denethor seinen Sohn Boromir nach Rivendel sendet.

Lothlorien ist das Heiligtum der Epiphyse, der *Hirnanhangdrüse,* jenes Organs, das die geistige Welt bewußt machen kann. Sie unterliegt nicht der Zeit. Hier herrscht Galadriel als erleuchtete Seele. Ihr Ring war der Nenya aus Mithril mit einem weißen Stein: die reine Objektivität der geistigen Schau. Sie konnte unbegrenzt die Zukunft und Vergangenheit, jeden und alles durchschauen, denn die Ewigkeit ist jetzt.

Elronds Ring war der Vilya mit einem Blauen Stein, der die Fähigkeit der Heilung und der Erziehung besaß. Er hatte die entgegengesetzten Eigenschaften von Gandalfs Ring: Narva, mit dem roten Stein der Tatkraft, wie das Yin dem Yang gegenübersteht. Gandalf verfolgte seine Ziele in der Außenwelt, während Elrond jeden in seinem Hause empfing.

Frodo und Sam

Eine andere Polarität bestand zwischen Frodo und Sam: der Introvertierte und der Extrovertierte. Frodo war gelehrt und verfeinert, körperlich schwach und unpraktisch. Sam dagegen besaß einen gesunden Verstand, eine praktische Lebenseinstellung und war von Frodos Seite nicht fortzudenken. Keiner von beiden hätte die Aufgabe alleine ausführen können, zusammen war es ihnen gerade möglich, jedenfalls gemeinsam mit Gollum. Denn, Frodo, Sam und Gollum, das sind: Geist, Seele und Körper. Der Geist dient dem Ideal und dem Auftrag, die Seele muß die Arbeit ausführen und der Körperinstinkt weist den Weg.

Faramir und Eowyn

Faramir und Eowyn bilden zusammen auch eine Polarität: die männliche tapfere Frau und der weiblich empfindliche Mann. Deshalb werden sie zueinander hingezogen. Und auch hier sehen wir, wie die Synthese erreicht wird. Nicht ohne Bemühung!

Aragorn und Sauron

Die größte Polarität besteht zwischen den Personen Aragorn und Sauron. Sie messen ihre Kräfte in dem Palantir auf der Hornburg. Sie beobachten und fürchten sich voreinander. Geist und Ungeist.

Aragorn weiß, daß er bis zum Äußersten gehen, daß er nach jedem Sieg sich einer noch schwierigeren Aufgabe stellen muß. Es genügt nicht, das Übel immer wieder zu bekämpfen, das gehört zur Dialektik der zweiten Phase, in welcher der Mensch mit seinem Übel auf gleicher Ebene kämpft und nicht davon loskommt. Zutreffend sagt Faramir über Frodo und Gollum: der Mensch ist an sein eigenes Übel gekettet.

Darum stellt sich Aragorn nach dem Sieg auf dem Schlachtfeld vor der Pforte von Gondor seinem Feind. Das Böse kann schließlich nicht durch die Übermacht vernichtet werden. Sauron verkörpert sich sowieso immer von neuem. Am Ende bringt sich das Böse selbst um, weil seine Entwicklung nur soweit gehen kann, wie der schärfste Verstand auf menschlicher Ebene. Das Wirken des Geistigen erscheint dem Verstand als Dummheit und deshalb kann es nicht vom menschlichen Ich vollbracht werden. Den Ring nach Mordor zu bringen, anstelle ihn zur eigenen Machtenfaltung zu gebrauchen, war eine Absurdität, die von Elronds Herzensweisheit herrührte und von Aragorn, dem König Geist, ermöglicht wurde. Die Polarisierung, die Zweiheit und der Kampf sind notwendig, um voranzukommen. Sie ist die Basis der irdischen Schöpfung und die Dynamik des irdischen Lebens. Man darf für eine kurze Zeit (durch Meditation) in Rivendel und in Lothlorien verweilen, dann jedoch muß man wieder weiter: aus der Spannung zwischen Yin und Yang entspringt das Bestreben und das Vorankommen, die Freude und schließlich der zeitlose Frieden. Dann ist das zerbrochene Schwert Narsil zu Anduril zusammengeschmiedet worden: Flamme des Westens, die Einheit, die unüberwindlich ist.

Die Reisegesellschaft und die Ringgeister

Die Polarität, auf der die Erzählung aufgebaut ist, besteht aus den neun Mitgliedern der Reisegesellschaft und den neun Ringgeistern. Neun ist drei mal drei. Die Zahl Neun stellt den Menschen in seinen drei Wesensgliedern dar: Geist, Seele und Körper, derweil jedes Glied wieder in drei Bereiche, in drei Kraftzentren, aufgeteilt wird.

Im Geist:

Das Zentrum der Inspiration und der Allwissenheit, das seinen Sitz in der Epiphyse hat,
das Zentrum der Urteilskraft, des verantwortlichen Ichs, das seinen Sitz hinter der Nasenwurzel hat,
das Zentrum des schöpferischen Wortes, die Stimme, das seinen Sitz in der Kehle hat.

In der Seele:

Das Zentrum des reinen Denkens, das seinen Sitz bei der Hylus (Lungendrüse) hat,
das Zentrum des Willens, des Glückes und des Wahrheitempfindens im Herzen, bei der Thymusdrüse,
das Zentrum der Empfindungen, das beim Solarplexus über dem Nabel liegt.

Im Körper:

Das Zentrum der alchemistischen Umsetzung (Transformation), der Transmutation, das in der Leber gelegen ist,
das Zentrum der stofflichen Schöpfpungskraft, das in den Geschlechtsdrüsen wirkt, ist beim Plexus Sacralis gelegen,
das Zentrum, wo die Erdkräfte eintreten, beim Anus gelegen.

Unter den Personen der Reisegefährten erkennen wir zum Beispiel in *Gandalf, Aragorn* und *Legolas* die höheren Wesen, die dem *Geist* dienen. Dann die edlen Hobbits *Frodo, Peregrin* und *Meriadoc,* die der *Seele* dienen. Und schließlich, die mit der Materie vertrauten Gesellen *Sam, Boromir* und *Gimli,* die dem *Körper* dienen.

Die neun Ringgeister dagegen, werden nur von ihrem Anführer unterschieden: der Schatten des Zauberkönigs von Angmar und die anderen acht.

Wenn sie auf ihren schwarzen Pferden als *Schwarze Reiter* unterwegs sind, dann greifen sie auf der materiellen Ebene an und suchen den Ring im Auenland. Das sind die Angreifer des menschlichen *Körpers,* wie die bösen Geister der *Krankheit.* Viele werden durch schwarze Magie ins Leben gerufen!

Noch viel gefährlicher werden sie, wenn sie auf ihren

kahlen Vögeln der Angst durch die Luft fliegen (im mentalen Bereich): die Nazgul, deren schriller Schrei die *Seele* zusammenfahren läßt. Sie sind die Darstellung des Panikgedankens, der alleslähmenden Angst.

"Und siehe: es war ein geflügeltes Geschöpf, wenn es ein Vogel sein sollte, so war es größer als jeder andere Vogel, und es war nackt und trug keine Federn und seine großen Flügel waren wie lederartige Häute zwischen hornigen Fingern, und es stank. Vielleicht war es ein Geschöpf aus längst vergangenen Zeiten, von jener Art, die in vergessenen Bergen, kalt unter dem Mond, ihre Zeit überlebte und dort in einem Adlernest diese letzte unzeitgemäße Nachkommenschaft ausbrütete, nach Missetaten gelüstend. Und der Schwarze Fürst nahm es zu sich und zog es mit wildem Fleisch auf, bis es größer war als alle anderen Wesen, die fliegen konnten: und er gab es seinem Diener, ihm als Roß zu dienen."

Der Nazgul ist der Archetyp der *Angst,* ausgesandt von der Macht, die die Menschheit verderben will, um das Gehirn zu entsetzen. Als sein Schatten über Gondor fiel, wirkte sein schneidender Schrei so verheerend, daß sich die Soldaten verzweifelt auf die Erde warfen und sich verbargen.

Der Nazgul ist das Gegenstück zum stolzen Adler Gwaihir, der Gandalfs geistigen Ruf vernahm und ihm Rettung bringen mußte: die letzte Rettung durch den Geist. Gwaihir erlöste ihn von der kalten Zinne von Orthanc, wo er von Saruman gefangengehalten wurde und ebenso vom Schneegipfel über Moria, wo er vor seine letzte Prüfung gestellt wurde. Gwaihir erlöste mit seinen Brüdern die Zwerge aus den brennenden Bäumen, wo schon am Fuße die heulenden Wölfe ihrer harrten. Sie fanden auch die in Todesnot geratenen Hobbits Frodo und Sam, die zwischen die Lavaströme des auseinanderberstenden Schicksalberges geraten waren. Im Krieg der fünf Heere kamen sie zu hilfe, und sie bestürmten die Nazgul auf dem Schlachtfeld vor dem Tor von Mordor.

Gwaihir ist das Bild der *Macht des Geistes,* der in den kritischen Augenblicken ihres Lebens in das Kriegsgewühl der Menschenseele eingreift.

Heutzutage fahren drei in Schwarz gekleidete Herren, die sogenannten *Silencers,* in schwarzen Autos umher und bedrohen intelligente Köpfe, die dabei sind, technische Geheimnisse zu entdecken durch *Angst* und Gedankenverwirrung. So aktuell ist dieses Buch.

Die *Ringgeister* sind Denkbilder, Schemen, die sich in technischen Erfindungen verkörpern und die arglose Menschenseele, die ihre Absichten nicht durchschaut, zu Tode bedrohen. Reisegefährten, seid auf der Hut!

Die Frauen

Im Buch *Der Herr der Ringe* kommen nur wenige Frauen vor, die eine bedeutende Rolle spielen. Unter den Hobbits erscheint Röschen nur eben am Ende der Geschichte als Sams Frau. Arwen bleibt die entfernte Geliebte Aragorns, das Bild der idealen Frau im Herzen eines jeden Mannes. Die Zwerge lassen ihre wenigen Frauen zu Hause. In Gondor scheint die Frau des Statthalters schon lange gestorben zu sein. Bilbo und Frodo blieben Junggesellen.

Nur zwei Frauengestalten treten in einem Teil des Buches kurz in den Vordergrund: *Galadriel* und *Eowyn.*

Galadriel ist die mächtige Zauberin des Elbenvolkes, die das erkorene Gebiet Lothlorien beherrscht, so wie Arwen Rivendel schmückt. Lothlorien und Rivendel sind Enklaven paradiesischer Harmonie, die aus der ersten Phase von Mittelerde übriggeblieben sind, noch lange bevor sich Saurons Übel über die Länder ausbreiten konnte. Auch das Auenland der Hobbits war eine geschützte Enklave. Man könnte sagen: *Lothlorien ist das Heiligtum des Kopfes, Rivendel das Heiligtum des Herzens und das Auenland das Heiligtum des Magens.*

Galadriel

Galadriel verkörpert die Fähigkeit der Allwissenheit und steht eigentlich in ihrer Macht und Kraft noch über Gandalf dem Weißen. Sie wohnt, möchte man sagen, in der Epiphyse, der Zirbeldrüse, auch der Thron Gottes genannt. Das ist die Stelle, wo alle Kenntnis von außen und innen im Lichte des Bewußtseins zusammenkommen, sodaß man in jedem Augenblick weiß, was man wissen muß. Man kann dann alles durchschauen, den eigenen Körper mit all seinen Prozessen und Zuständen, sowie das, was in anderen Geschöpfen vor sich geht: Die Gedanken von Menschen, Hobbits, Elben und Zwergen, das Bestreben und die Absichten von Tieren und Pflanzen usw. Man sieht sowohl die Zukunft als auch die Vergangenheit und das was in der Ferne geschieht. Und ebenfalls kann man das Gesehene wiederum anderen zeigen (im Wasser von Galadriels Spiegel). Denn dies ist ein Bewußtseinszustand, *der nicht den Gesetzen von Zeit und Raum unterliegt.* Es ist der Zustand der ersten und dritten Phase, der nur bei wenigen Menschen verwirklicht ist. Galadriel, als Elbin, gehörte zur ersten Phase und mußte weichen, als das Zeitalter der Menschen anbrach.

Sie ist der Typ der weisen allwissenden Frau, der Weleda, der Sybille, des Orakels. Weil sie weiß, was jeder einmal nötig brauchen wird, kann sie den Reisegefährten die passenden Zaubergeschenke mitgeben.

Ihre Wohnstätte ist hoch im Zauberbaum gelegen, im Lebensbaum, und ihre Elben, die Galadrim, wohnen auch hoch in den Baumwipfeln, wie die Epiphyse ebenfalls die Wohnung der höchsten Fähigkeit ist, an der Spitze des Lebensbaumes im Menschen gelegen: oben am Rückenmarkkanal und die Verlängerung davon im Gehirn.

In ihrem Reich fühlte sich die Reisegemeinschaft von der Zeit erlöst, die nicht vorüberging, sie verharrten im ewigen Jetzt. Denn in Lothlorien herrscht die Sphäre der kosmischen Muster, ungeachtet, ob ihre Ausdrucksformen in Zeit und Raum noch bestehen oder je bestehen werden. Galadriel sprach: Bedenke, daß der Spiegel vieles sehen läßt und daß sich vieles noch nicht ereignet hat. Einiges verwirklicht sich nie, es sei denn diejenigen, welche die Vision erhalten, weichen von ihrem Pfad ab und versuchen sie zu verhindern. Der Spiegel ist zu gefährlich, um seine Taten danach auszurichten.

Immer dann, wenn man versucht dem Zukunftsbild zu entfliehen, hilft man dadurch an seiner Verwirklichung!

Dieses warnt davor, den Rat von Hellsehern als Weisung für das eigene Verhalten zu sehen. Galadriel sagte auch: Ich gebe keine Ratschläge. – Sie bewohnt das Reich der objektiven neutralen Wahrheit, über der Spaltung von Gut und Böse stehend, die im Menschen dieser Zeit vorhanden ist.

Diese Wahrheit stimmt mit dem Stein ihres Ringes Nenya überein: ein Adamant (Diamant). Frodo betrachtete ihn voller Ehrfurcht, es schien ihm plötzlich, als ob er alles begriff. Es war, als ob der Abendstern sich auf ihre Hand niedergelassen hätte. Sam dagegen sah den Ring nicht. Galadriel konnte Sauron widerstehen: sein Auge suchte sie und sie erkannte seine Gedanken, soweit sie die Elben betrafen. Aber sie widerstand seinem Versuch, sie und ihre Gedanken zu sehen.

Galadriel ist die Figur, die die höchste Möglichkeit des Weiblichen darstellt.

Eowyn

Dagegen ist Eowyn eine völlig menschliche Figur. Und obwohl Tolkien in seinem Buch den Anschein erweckt, wenig Teilnahme an der Frau als gewöhnlichen Menschen aufzubringen – sondern nur als Idealbild – hat er doch in Eowyn einen Teil der weiblichen Art sehr gut durchgründet und beschrieben!

Eowyn, die Schildmagd und Nichte des letzten Königs Theoden von Rohan aus dem nördlichen Reich der Pferdemenschen, war anfangs eine Frau, die unter Kriegern lebend, ihr Los, als Frau geboren zu sein, verabscheute. Sie betete den Kriegsruhm der großen Anführer an und wünschte ihn mit Aragorn, dem königlichen Dunedain, zu teilen.

Da er zum Bräutigam von Elronds Tochter Arwen bestimmt ward und für Eowyn nur Verständnis und Mitleid empfand, ritt sie heimlich in voller Waffenrüstung mit ihrem Onkel, dem König, zur großen Schlacht auf dem Pelennor und nahm den Hobbit Merry mit, der auch nicht zurückbleiben wollte. Das Schicksal wollte es, daß sie zusammen auf dem Schlachtfeld bei der Leiche von Theoden den Anführer der Ringgeister, den schrecklichen Zauberkönig von Angmar, töteten. So wie es vorausgesagt worden war: nicht durch irgendeinen Mann ! – Nein, durch eine Frau und einen Hobbit.

Tödlich verwundet blieben beide in den Häusern der Heilung von Gondor, wo auch Faramir, der zweite Sohn des verbrannten Statthalters Denethor, gerettet von Pippin und Gandalf, gepflegt wurde. Und dort in der unerträglichen Spannung der Tage, als Aragorn mit den anderen großen Anführern und mit dem Rest des Heeres zum Schwarzen Tor von Sauron aufzog und ihn herausforderte, derweil Frodo und Sam den Spalt des Schicksalberges erreichten und Gollum den Ring eroberte und damit in die Flammen stürzte – da verstand es auf den Wällen hoch über der Stadt der genesende Prinz Faramir die Liebe von Eowyn zu gewinnen, die in ihrem Herzen das Verlangen nach Größe und Ruhm in ein frauliches Bedürfnis zum Heilen und zum Leben umschmolz. Die Liebe schmolz die kühle Mauer um ihr Herz hinweg, im selben Augenblick, als der Ring ins Feuer fiel, Saurons Heere erlahmten und seine Macht zusammenbrach. Die Stadtmauern erbebten, ein Seufzer der Erleichterung stieg aus den Ländern auf, die Herzen fingen wieder an zu schlagen und Faramir küßte Eowyn auf der Mauer von Gondor.

Rabenschwarz und golden wehten ihre Haare durcheinander und alle durften es sehen.

Faramir war tapfer im Kampf, aber er liebte das Sanfte, das Lebendige und Schöne, er war ein Mann von Kultur. So paßte er zu Eowyn als ihre Ergänzung, beide Menschen im Gleichgewicht.

Eowyn stammte von Eorl ab, der in der Vergangenheit mit seinen Männern auf Pferden aus dem Norden geritten kam und die Ebene von Rohan in Besitz nahm. Sie erinnern an die Sachsen mit ihren Anführern Hengist und Horsa, die Pferdemenschen, die einmal in Britannien eingefallen waren.

In der Liebe zwischen Eowyn und Faramir, Rohan und Gondor, versöhnten sich Nord und Süd, Denkpol und Lebenspol, so wie auch beide Pole in diesen Menschen persönlich zur Einheit gelangt sind.

Eine herrliche Komposition, worin gleichzeitig in Eowyn die Frau als Mensch nach vorne tritt. Womit widerlegt wird, daß der Schriftsteller Tolkien die Frau als Mensch nicht hätte begreifen können. Auch in dieser Episode kommt seine psychologische Einsicht nicht zu kurz.

Die Wälder

Das gesamte Buch *Der Herr der Ringe* ist von der Atmosphäre der Wildnis beeinflußt. Die englische Liebe zur Natur und die Erfahrung, darin herumzuwandern, geben der Erzählung eine peinlich genaue Beschreibung der Landschaft und des Wetters, von Mondstand, Wind und Luft. Der Leser empfindet alles mit: den trübseligen Regen und das Aufklaren des Himmels, den dumpfen Nebel über den Grabhügeln und den fröhlichen Sonnenschein danach, als Hobbits nackt umhersprangen und sich erholten.

So wie in England und Irland spukt die alte Geschichte deutlich in den alten Wäldern und in den verlassenen Hügeln mit ihren Höhlen und versteinerten Trollen herum. Zerbröckelte Mauern, die Ruine des Turmes auf der Wetterspitze, einst eine mächtige Festung, sie zeugen von einer großen, aber verlorenen Vergangenheit, und man fühlt, wie eine drückende Stimmung auf den Reisenden lastet: sie werden sich bewußt, in einer Endzeit geboren zu sein, und daß sie die letzten Kapitel eines Zeitalters verwirklichen müssen – so wie wir, liebe Leser.

Der alte Wald und Tom Bombadil

Der alte Wald vermittelt das Gefühl einer großen Anwesenheit, die den Menschen vor Ehrfurcht verstummen läßt: man spürt die Baumgeister. Man weiß nicht genau, wie sie einem gesonnen sind, man spürt jedoch etwas Bedrohliches und erinnert sich der Freveltaten an den ehemals heiligen Bäumen. Der Mensch fühlt sich im Wald schuldig und klein, bedacht auf die Rache der Bäume. Es gibt ja ein Gesetz von Ursache und Wirkung: alles kehrt zum Urheber zurück.

Der Mensch empfindet manchmal etwas von dem Spott der Naturwesen, die den Menschen verleiten und ihn verirren lassen, ihn nach Orten locken, wo er keinen Ausweg mehr finden kann. Der Wald erwehrt sich der Eindringlinge, und der alte Weidenmann wird die übermütigen Reisenden schon unschädlich machen.

Aber welche Erklärung gibt es dafür, daß den Hobbits und den guten Menschen da draußen geholfen wird? Ihre wahre Liebe zur Natur zieht die helfenden Wesen an, und so erscheint Tom Bombadil dann auch gerade rechtzeitig, in bunter Aufmachung, singend vor Lebensfreude, in dem Gebiet, das er hütet, Meister über alles was lebt. Das ist Wahrheit: jeder Landstrich, jeder Berg, jeder Fluß hat seinen Hüter, unsichtbar für den abgestumpften Menschen, aber spürbar, so wie auch jede Pflanze ihre Elbe hat, von der sie gepflegt wird.

Jedes Brünnlein, jedes Bächlein hat seine Nixe, seine Wassernymphe, wie Goldbeere, die Tochter des Flusses, die nur an Toms Seite auf dem Land leben konnte, wenn sie abends ihre Füße im Flußwasser mit Lilien baden konnte. Zahlreich sind die Erzählungen von diesen schönen Wesen: Melusine, die kleine Seejungfrau usw. Als die Menschen die Nixe nicht mehr sehen, nur noch spüren konnten, stellten sie ein anderes Bild am Brunnen auf. Das sollte dann später Maria heißen.

Ähnlich war es bei den guten freundlichen Bäumen: die Fee, die in der Linde wohnt, wurde auch durch Maria ersetzt. Die Fee aus dem Fliederbaum war noch lange unter dem Namen Holdemutter bekannt.

Die mächtigen Berggeister kennt man noch in den Alpen. Tom Bombadil ist einer von ihnen, die Natur selbst, könnte man sagen, der schon bestand, bevor die Gräser gewachsen und die Berge erschaffen waren. Er war schon da, bevor das Menschenhirn Gut und Böse entstehen lassen konnte. Er war noch ein Teil der Einheit und mit allen anderen Wesen verbunden, darum konnte er auch alle in seinem ihm anvertrauten Gebiet beherrschen: der Geist des Grabes gehorchte ihm ebenso, wie der alte Weidenmann. Über ihn hatte der Ring keine Macht. Als er ihn ansteckte, wurde er nicht unsichtbar. Er besaß nicht die geringste Angriffsfläche für die Gier nach der Macht.

In seinem Haus sind die Hobbits sicher.

Fangorn und Baumbart

Von alters her haben sich starke Wesen in Bäumen verkörpert: die Ents. Das wußte man früher. Wenn es die Umstände ergaben, daß man einen Baum fällen mußte, benachrichtigte man zuerst den Baumgeist, damit er rechtzeitig in ein junges Bäumchen in seiner Nähe umziehen konnte. Später, als überall Böses getan wurde und der Mensch das Fürchten lernte, bekreuzigte man den Stumpf, nachdem der Baum gefällt war, um den armen Baumgeist darin zu bannen, damit er sich nicht rächen konnte. Der Mensch tat den Baumgeistern viel unnötiges Leid an. Jeder Mensch fühlt sich schuldig, wenn er sieht, daß ein Baum gefällt wird, der noch in der Kraft seines Lebens steht – das ist Mord. Baumgeister haben früher den Menschen beschützt und getröstet. Bei der Geburt eines Menschen wurde ein junger Baum gepflanzt, mit ihm blieb der Mensch sein Leben lang verbunden. Baumbart, der alte Ent, erzählte, daß er vor langer Zeit auch freundschaftlich mit Saruman verkehrte und ihn viel Waldweisheit lehrte. Aber Saruman ging später einen anderen Weg, er zerstörte viel Wald für seine Versuche und Kriegsvorbereitungen, und in dem Wald Fangorn machte das böses Blut bei den Ents.

Besonders beim Stoßtrupp: den finsteren Huorns, die zur Rache bereit sind. Sie helfen dem König von Rohan, die Schlacht bei Hornburg zu gewinnen und danach die Werkstätten um den Turm von Orthanc zu verwüsten, wo dann unter Baumbarts Leitung ein Park angelegt wird.

Baumbart ist ein einsamer alter Ent. Er singt manchmal vor Heimweh von den Entfrauen von einst, die schon lange nicht mehr in der Umgebung gesehen wurden. Die Entmänner zogen gern durch die schöne Wildnis, doch die Entfrauen zogen in die flachen Länder entlang des Anduin und bebauten diese. Sie ernteten Korn, aber sie beuteten die Erde aus und sie mußten aus den braunen Ländern fortziehen, wo nichts mehr wachsen wollte.

In diesem Bericht des Autors wird Unmut gegen die Frau oder den Menschen kundgetan, die die Natur nicht in Ruhe lassen können. Immer wollen sie die Natur gebrauchen und verändern, um sie für den Bauern nützlich zu machen, anstatt mit dem dankbar und zufrieden zu sein, was die Natur ihnen selbst anbietet.

Der Wald jedoch bildet eine Harmonie in sich selbst, wo das eine das andere nährt und beschützt, wo das abgefallene Blatt die jungen Pflanzen düngt und ein Bächlein allen zu trinken gibt. Die gewaltige Kraft der Natur selbst erscheint in Baumbarts Getränk, wenn es sogar erwachsene Hobbits sichtbar wachsen läßt!

Das Unheil in den alten Wäldern, vor dem der Zwerg Gimli zurückschreckt – die Ents schauen mißtrauisch auf das Beil in seinem Gürtel! – das ist der über Jahrhunderte aufgestaute Unmut der Ents gegen den lumpigen Menschen, der dort nur Bauholz sieht, wo lebendige Wesen von großer Würde sich ihre eigene Atmosphäre schaffen: den Wald. Betritt man einen abgeholzten Wald, den man noch von früher her kennt, dann erfährt man den durch das Verschwinden der Bäume bewirkten unglaublichen Verlust an Atmosphäre.

Der Mensch rottet seine besten Freunde und Lehrmeister aus. Wieviele Heilige haben ihre Inspiration, ihre Einweihung unter dem Baum empfangen, in dessen Schatten und Ausstrahlung sie täglich meditierten!

Der Baum mit seiner breiten Krone, hoch über dem nichtigen Getue der Menschen, rauschend im Winde, seine singenden Vögel wiegend, mit Wolken und Sternen sprechend, umsummt von Bienen – eine Welt, die sich selbst gehört. Länger als der Mensch lebt der Baum und zeichnete die Geschichte von guten und bösen Jahren in den Jahresringen seines Stammes auf. Die Natur hat es nie eilig. Baumbart war auch langsam im Denken, Erzählen und Entscheiden. Von seiner uralten Weisheit ging Ruhe aus. Es gibt immer noch Bäume und Ents mit denen man sprechen kann . . .

Was sind Ents?

Die Ents oder Baumgeister, die Tolkien in seinem Buch *Der Herr der Ringe* auftreten läßt, sind keine Wesen, die seiner Phantasie entsprungen sind. Sie bestanden schon vor langer Zeit, in der Überlieferung der keltischen Kultur in Irland, die dem Autor, selbst Professor keltischer Sprachen, sehr wohl bekannt war. Er sagt, daß sie im Laufe der Zeit zu nichts anderem als zu Bäumen erstarrten, ihr Geist schlief ein. Wir könnten auch sagen, daß es der Mensch gewesen ist, der allmählich einschlief und die Bäume, seine Brüder, nur noch als Bäume ansah: lebendige Geschöpfe, ohne Seelenleben oder Bewußtsein. Vielleicht haben sich die Bäume mit ihrem Baumgeist nicht so sehr verändert, wohl aber der Mensch! Über die alten Zeiten, in denen Mensch und Baum viel enger verbunden waren, als heutzutage, kann man z.B. in dem Buch von Robert Graves, *The white goddess* (Faber & Faber Ltd. London), nachlesen.

Die Druiden, die weisen Führer der alten Kelten, hatten dem Volk verboten, sich der Schrift zu bedienen, weil sie ihr Erinnerungsvermögen schulen sollten. Aber es existierte wohl eine heilige Sprache und die dazugehörige Schrift, das Ogham, das sie selbst anwandten. Die Buchstabenzeichen dieser Schrift waren den verschiedenen Fingerknöcheln zugeordnet. Sie waren zugleich Zeichen der Anfangslaute einer Reihe von Bäumen. Diese Bäume wurden verehrt, jedoch würdigte man sie auf unterschiedliche Weise.

Im höchsten Ansehen standen die *sieben Hauptbäume:* Eiche, Haselnuß, Stechpalme, Esche, Eibe, Kiefer, Apfelbaum.

Darauf folgten die *sieben Bauernbäume:* Erle, Weide, Maidorn, Vogelbeere, Birke, Ulme und ein unbekannter Baum.

Die dritte Gruppe bestand aus *sieben strauchartigen Bäumen:* Schlehe, Flieder, weiße Haselstaude, Pappel, Erdbeerbaum und zwei unbekannten.

Die vierte Gruppe bestand aus *kleineren Sträuchern oder Pflanzen:* Wachsmyrte, Farn, Stechginster, wilde Rose, Heide, Efeu, Ginster und Stachelbeere.

Wer einen Haselstrauch oder einen Apfelbaum ohne besondere Genehmigung fällte, wurde zum Tode verurteilt. Später mußte man drei Kühe Lösegeld für ein Wäldchen bezahlen. Die Erle ist so heilig, daß man das Haus des Täters zur Strafe in Brand steckte, wenn er diesen Baum gefällt hatte.

In alten Erzählungen kämpfen Menschen mit Baumnamen gegeneinander an und tragen die Zweige ihrer Bäume als Waffen mit sich.

In einer Ballade, *"Die Feldschlacht der Bäume"* geheißen (CadGoddeu), schreitet der Held Bran mit Erlenzweigen voran. Der keltische Name für die Erle war Fearn und das F stand im Ogham-Alphabeth an erster Stelle. Der Weidenbaum und die Birke erschienen zurückhaltend in der Schlacht, da die Birke sehr großmütig war. Der Stechginster war ein großer Kämpfer! Die Kiefer wurde von Königen verehrt und noch über die Ulmen gestellt; sie wich keinen Fuß breit und schlug genau in die Mitte! Der Haselstrauch war Schiedsrichter und seine Früchte waren die Belohnung. Die Liguster war gesegnet. Die dunkelgrüne Stechpalme erschien sehr mutig, die zähen Pappeln wurden schwer verwundet. Die Heide gab den Trost. Der schwarze Kirschbaum verfolgte den Feind.

Die Eiche konnte sich schnell voranbewegen, vor ihr bebten Himmel und Erde. Sie wird in allen Ländern als mutiger Türwächter angesehen, die dem Feind den Eintritt verwehrt!

Die Esche galt als grausam, zaghaft war die Kastanie, weil sie ihr Glück abgeben mußte. Der Birnbaum, der hinter einem Felsen hervorlächelte, schien keine feurige Art zu besitzen. Im Schatten versteckte sich Liguster und Waldrebe, die im Kampf unerfahren waren.

So werden in diesen Versen die Bäume als beseelte Wesen beschrieben, die für ein Ideal eintreten – genau wie die Ents in Tolkiens Buch, als sie Saruman seiner bösen Werke wegen bekämpfen.

Man liest auch, daß die Druiden die großen Magier waren, die Bäume in Soldaten zu verwandeln vermochten – für die Dauer des Gefechtes. Und wir sehen in Gedanken, wie in der Schlacht bei der Hornburg die Huorns anmarschiert kommen! Shakespeare rationalisierte die Überlieferung in seinem Stück Macbeth: menschliche Soldaten verwenden Baumzweige, um ungesehen den Berg zur Burg hinaufmarschieren zu können. Eine ander Ausdrucksweise derselben Sache, beruhend auf der Ahnung, daß ein Baum wie ein Mensch eine Seele besitzt oder daß ein Wesen in ihm wohnt. Es werden Satyre geschildert, die nicht weiter als die Zweige und Wurzeln ihres Baumes reichen können, die aber in einem dichten Wald, wo Zweig an Zweig und Wurzel an Wurzel stößt, sich durch den ganzen Wald bewegen können.

Die Naturwesen bestehen immer noch: Elben, Ents und Zwerge. Nur der Mensch hat sich verändert. In den Zeitaltern der Einheit wird er seine Mitgeschöpfe verstehen und arbeitet mit ihnen zusammen. In den Zeiten, wenn die Verbindung unterbrochen ist, mißbraucht und zerstört er sie in Undankbarkeit. In der Endzeit wird er sie wieder erkennen, um Vergebung bitten und sich von Neuem mit ihnen verbrüdern!

Die Palantíre

Stark und glorreich war einst das Reich Numenor-in-Verbannung, von Elendil in Mittelerde gegründet, gekrönt mit den sieben Sternen aus Adamant, mit dem Einen Größten darüber, der sprach:

Aus dem Meer bin ich nach Mittelerde gekommen. An diesem Ort werde ich mit meinen Erben bis an das Ende der Welt verweilen.

Der eine große Adamant, den die Könige des nördlichen Reiches Anor in ihrem Stirnreif trugen, war der Elendilmir: der Stern von Elendil. Es war das Zeichen seiner Allwissenheit. Als Zeichen seiner höheren Fähigkeiten wurden in seinem Reich sieben Türme gebaut, in denen die sieben Palantire oder Sehsteine, kristallene Kugeln, aufbewahrt wurden und in denen sich der Seher die kosmischen Muster anschauen konnte.

In der Zeit von Numenors Verfall verschwanden einige Sehsteine. Der Beste war derjenige von Amon Sul, der Wetterspitze, gewesen. König Arvedui nahm ihn und den von Annuminas auf seiner Flucht nach dem Norden mit, nachdem sein Heer gegen die Übermacht des Zauberkönigs aus dem bösen Reich Angmar unterlegen war. Arvedui fand bei den Lossoth, den Schneemenschen (Eskimos), Zuflucht und bei einem gewagten Versuch wegzufahren, wurde sein Schiff zwischen den Eisschollen zerdrückt, die Palantire verschwanden in der Tiefe des Eismeeres.

Der Palantir von Osgiliath fiel in das Wasser des Anduin. Ein vierter blieb im Turm beim Golf von Lune. Arveduis

Sohn Cirdan nahm ihn schließlich mit. Man konnte mit ihm geradeaus über das Meer sehen, nach Eressëa (Westernis), dem Land seines Ursprunges. Es war der Stein des Heimwehs, mit dem alle höhere Rückentwicklung beginnt.

Der Fünfte wurde heimlich in Gondor, im Turm der Sonne aufbewahrt, wo ihn Denethor um Rat befragte. Zu seinem Unglück, denn das Recht dazu war nur Königen und großen weißen Magiern vorbehalten.

Der sechste Palantir wurde von Saruman im Turm von Orthanc aufbewahrt, auch zu seinem Unglück und Untergang, denn er begegnete darin Saurons Auge und geriet in seine Macht.

Aragorn begegnete Saurons Auge darin. Das war auf der Hornburg, wohin Gandalf den Stein mitgenommen hatte, nachdem Schlangenzunge ihn aus dem Turmfenster von Orthanc geworfen hatte. Aragorn widerstand Sauron in einem heftigen Willenskampf. Der Umgang mit Sehsteinen ist kein Kinderspiel. Der neugierige Pippin entkam nur mit knapper Not den schrecklichen Folgen eines unvorsichtigen Hineinsehens.

Jeder Mensch hat die sieben nun verwahrlosten Sehsteine in seinem Ätherleib, wo sie auf ihre erneute Entfaltung warten. Der Materialist hat keine Ahnung davon, seine Türme sind geschlossen. Der Lichtstrom, der im Ätherleib von Chakra zu Chakra fließt, als Analogie und parallel zum Hormonenstrom der sieben großen Drüsen der inneren Sekretion, ist so schwach, daß die Palantire nicht zur Wirkung kommen. Solange die kosmische Energie zu irdischen Kräften transformiert und vom Menschen als sexuelle und kämpferische Kraft mißbraucht wird, bleiben die fünf oberen Palantire erloschen. Werden diese Kräfte sublimiert und aufwärts getrieben, dann entzünden sie die Lichter im Sehstein und die höheren Fähigkeiten fangen an zu arbeiten: das Hellsehen, -hören, -fühlen und -riechen und das Allwissen. Aragorn, der 190 Jahre alt war, als er Arwen heiratete, hatte seine Kraft sublimiert, und das erklärt, warum seine Hände heilend waren. (Er wandte auch das Kraut Athelas (Atlas), das königliche Kraut aus Atlantis = Numenor, an, um die Wunden zu heilen, die durch das Gift Saurons geschlagen wurden.) Die Palantire sind die Transformatoren der neutralen kosmischen Kraft. Haben sie die sogenannten "Gaben des Heiligen Geistes" den Kraftstrom entlang zur Entfaltung gebracht, dann wird der Mensch ein weißer Magier.

Jedoch Sauron ruht nicht und trachtet danach, jenen in seiner kristallenen Kugel zu begegnen, denen er seine Macht aufdrücken kann. Können sie ihm nicht standhalten, dann versklavt er sie für seine Zwecke, wie Saruman, den er zu seinem Werkzeug und Abbild gemacht hat, zu einem schwarzen Magier. Denn die Kraft ist neutral – es hängt nur von demjenigen ab, der diese Kraft durchläßt, ob sie weiß oder schwarz in den Werken zum Vorschein kommt, die mit ihr vollbracht werden.

Der weiße Baum

Das Wappen des alten Reiches Numenor, das unter König Elessar, Elbenstein, viel später im erneuerten Reich Gondor wieder auflebt, ist der weiße Baum. Dieser war mit Edelsteinen auf dem Banner gestickt, das auf dem weißen Turm flatterte, die Bergstadt Gondor krönend. Ein Baum mit Zweigen, die weiße Blüten trugen, und darüber eine Königskrone und sieben Sterne. Das war die Abbildung des lebendigen Baumes Nimloth, der im alten Numenor, an der entgegengesetzten Seite des westlichen Meeres (wir nennen es Atlantis), im königlichen Garten gewachsen war. Als der Untergang dieses Reiches nahe war, flüchteten die Königskinder und die fünf Istari oder weißen Magier auf Schiffen davon. Sie nahmen einen Zweig des weißen Baumes mit sich, der im Garten der Königsburg in Gondor eingepflanzt wurde. Aber als der letzte König von Gondor von einer Schlacht nicht mehr heimkehrte und auch keine Kinder hinterließ, um ihm nachzufolgen, siechte der Baum unter der Regierung des nachfolgenden Statthalters dahin und starb schließlich. Daß ein Same davon auf die Erhebung des Berges Mindolluin, nahe beim geheimen Pfad, den nur Könige, Priester und Zauberer betreten durften, gefallen war, wußte niemand. Ein Jahrhundert sollte dieser Same dort liegenbleiben, in Sonne und Schnee, bis er in einem bestimmten Augenblick von König Elessar, gemeinsam mit Gandalf dem großen Zauberer, gefunden wurde. Erst dann konnte der Baum blühen und Früchte tragen, als das Land von einem König (dem Geist) gerettet wurde.

In diesem Bericht werden die drei großen Zeitalter genannt, die sowohl die Menschheit, als auch die einzelnen

Menschen, durchmachen müssen. Die *erste Phase* der Entwicklung, die das Kind in den ersten sieben Jahren seines Lebens wiederholt, lebt fort in den Überlieferungen der Völker vom Paradies oder goldenen Zeitalter, als alles noch gut war. Die große Einheit alles Seienden war noch nicht in die Zweiheit gespalten, es gab kein Gut und Böse und kein einziges Problem. Das Königsschwert war noch *ungebrochen*. Nichts bedrohte die große Lebenskraft, die den weißen Baum wachsen und blühen ließ: den Lebensbaum im Paradies.

Yggdrasil

In der nordischen Überlieferung wird dieser Baum als Yggdrasil (Ich-Träger) beschrieben, die Weltenesche, deren Krone die Sterne wie goldene Früchte trägt, deren Stamm emporragt in Midgard (Mittelerde), wo die lebenden Menschen wohnen und deren Wurzeln die Unterwelt, das Reich der Toten, umfassen.

An seinem Fuß entspringen drei Brunnen. Bei einem davon, dem Brunnen Hvergelmir, wohnt eine Schlange oder ein Drachen, der die Wurzel anfrißt. Seine Absicht ist es, den nährenden Saft aus dem Baum herauszusaugen, damit die Krone kein Blatt, keine Blume und keine Frucht mehr entwickeln kann und auf die Dauer verdorren wird.

In der Krone wohnt der Adler. Am Stamm auf und nieder springt das Eichhörnchen Ratatoskr, um dem Adler zu berichten, was die Schlage Böses über ihn sagt und wiederum der Schlange Nidhöggr auszurichten, welches Urteil der Adler über sie ausspricht.

Auf diese Weise stellt der Baum das Bild des Menschen und der Menschheit in seiner *zweiten Entwicklungsphase* dar. Ihr Wesen ist nicht mehr in der Einheit, sondern in zwei gegenüberliegende Pole gespalten: Den Lebenspol und den Denkpol (oder den konkreten Pol und den abstrakten Pol), verbunden durch einen Energiekreislauf (dargestellt im Eichhörnchen). Das königliche Schwert von Elendil ist im Kampf mit Sauron in dem Augenblick gebrochen, als Isildur ihm den Ring der Macht abnahm, um ihn für sich selbst zu behalten. Als er den Ring ansteckte, glaubte er schwimmend den Fluß Anduin, den Strom des Vergessens überqueren zu können. Aber er kam dadurch in Saurons Macht, der ihn den Ring verlieren ließ und ihm das Leben nahm. Dies war der Sündenfall, durch den das Paradies verlorenging und die Menschheit in die Zweiheit, in den Kampf zwischen Gut und Böse gestürzt wurde. Nun wurde der *Baum des Lebens* in den *Baum der Erkenntnis* umgewandelt. Krone und Wurzel wurden einander Feind. Das Denken, das nicht mehr aus dem Brunnen der Weisheit genährt wurde, und der Lebenspol, der verarmte und verdorrte: das kausale und materialistische Denken. Der Drache der Machtgier und der Genußsucht schlürfte beinahe alle Kraft weg. Der ruhelose Kampf um das Überleben nahm seinen Anfang.

Von der ersten Phase ist dann nichts anderes erhalten geblieben, als die Überlieferung: der Brunnen Mimir (memoire, Gedächtnis) bewahrt die Erinnerung an einzelne Schätze.

Der menschliche Körper

In jedem menschlichen Körper steht der Baum Yggdrasil noch immer aufrecht. Sein Stamm ist die Röhre der Wirbelsäule, wohindurch ein Strom der Lebenskraft fließt, die von unten eintritt, wo der Mensch mit seiner Mutter Erde, wie mit einer Placenta, verbunden ist.

Dort unten am Fuße des Baumes liegt der Unterste in der Reihe von Transformatoren der Lebenskraft, die sie auf eine jeweils höhere, feinere Schwingungsebene bringt. Das ist eine heilige Stelle, darum liegt dort das Nervenende, Plexus Sacralis genannt. Der Transformator oder das Chakra (Muladhara) im Ätherleib, setzt sich mit der Kraftaufnahme auseinander, wonach die Geschlechtsdrüsen im materiellen Körper anfangen, die heilige Lebenskraft in Schöpfungskraft umzusetzen. Werden diese Kräfte bereits in der Vereinigung der Geschlechter verbraucht, dann geht dieser Teil für den aufwärtsfließenden Strom verloren. Aber dafür entsteht dann ein neues Menschenkind. Im Paradies war dies nicht nötig, denn der Mensch war damals unsterblich (im Reich Eressea). Erst am Anfang der zweiten Phase begann der Drache der Begierde dort den Lebenssaft abzuzapfen.

Die Drüsen im Unterleib stellen die kostbaren Schätze in den Grotten und Gewölben der Unterwelt, zwischen Yggdrasils Wurzeln, (die Nerven) dar. Gewaltige Kräfte, die wie Edelsteine darauf warten, ausgegraben und benutzt zu werden – wie unten, so oben.

Gimli

Hier ist das Reich von *Gimli, dem Zwerg,* dessen Aufgabe es ist, Edelsteine und Metalle, wie Adamant und Mithril im Dunkeln auszugraben und sie zu Lichtträgern zu schleifen. Der standfeste und streitbare Gimli mit seinem Beil, aber auch mit seiner grenzenlosen Verehrung für das Gegensätzliche in sich selbst: die mächtig-schöne Zauberfee Galadriel, die er um eine Locke ihres goldenen Haares bittet, um sie bei sich zu tragen. Ihre Wohnung auf dem Spiralhügel Galadon befindet sich in der Spitze des Baumes: oben im Kopf, in der Zirbeldrüse. Solange diese aufrecht steht und alle kosmischen Schwingungen in sich auffängt, ist sie der Sitz des Allwissens. Der Spiegel von Galadriel. Der weiße Stein Nenya, den sie an ihrem Elbenring trug, ließ sie jedermanns geheimste Gedanken erkennen. Oben und unten ziehen sich mächtig an: vom Scheitelpunkt des Kopfes führt im Ätherleib ein Energiekanal (Meridian) direkt zu den Geschlechtsdrüsen und weiter zu den großen Zehen. Das ist die Verbindung zwischen Krone und Wurzel des weißen Baumes und auch zwischen Galadriel und Gimli.

Das göttliche Licht sinkt hinab in die tiefsten Tiefen der Materie. So wie das Licht von Eärendil, dem Abendstern, das von Galadriel in einer Phiole aufgefangen wurde, und das später Frodo und Sam auf ihren Gang durch Mordor, das Reich der Finsternis, beisteht.

Die Inspiration von oben und die Tatkraft von unten müssen sich vereinigen, wenn der Mensch schöpferisch sein will.

Gimli wohnt am Brunnen, am Anfang, wo die Geschlechtszellen erst entstehen, wo sie noch bei Mann und Frau gleichermaßen neutral sind.

Aber ein wenig höher hinauf entsteht der Unterschied: in den Hoden werden die Kräfte elektrisch und in den Eierstöcken magnetisch gerichtet. Das elektrische wirkt zentrifugal, die Kraft will nach außen dringen, und auf diese Weise entsteht der männliche Geschlechtstrieb, der zugleich der Kampfeslust und der Arbeitslust ihr Dasein gibt. In der Prostatadrüse werden diese Kräfte dann selbständig und zielgerichtet.

Boromir

Dort beim Plexus Prostaticus und dem Schambein, wo im Ätherkörper der zweite Transformator liegt (Svadhisthana), wohnt der tatenfreudige *Boromir,* der Sohn des Statthalters Denethor von Gondor (Gonaden!), voller Kriegslust und Machtgier. Er versucht, Frodo den Ring der Macht heimlich zu entwenden, um ihn im Krieg zwischen Gondor und Mordor anwenden zu können. Aber schlechte Mittel entheiligen das Ziel, und Boromir muß seine Begierde mit dem Leben bezahlen.

Sein Gegenpol im Oberkörper und in der Reisegesellschaft ist Aragorn, der bei der Speicheldrüse im Kopf wohnt. Dort, wo das einsame Ich mit dem Verlangen nach Kommunikation haust (in der Speicheldrüse), rührt auch sein sehnsüchtiges Verlangen nach seiner Braut Arwen her. Sie sind beide Kämpfer: Aragorn und Boromir. Aragorn jedoch hat gelernt, die primitive Kampfkraft, wie Boromir sie besitzt, zu beherrschen und zu verfeinern. Er muß ja duch den mystischen Tod gehen, wenn er den Pfaden der Toten folgt, um den Auftrag von Elrond zu erfüllen. Auf diese Weise geht jeder durch Kampf und Tod, jeder auf seiner eigenen Ebene.

Gollum

Smeagol oder Gollum kann man auch zur Unterwelt des Körpers rechnen. Er erinnert an Lilith, den schwarzen Mond, eine übriggebliebene Urform der Sexualität. Er ist fast immer in der Macht der Begierde gefangen, der Sklave seines Lieblings, des Ringes der Macht, beklagenswerter als Boromir.

Sam

Der letzte der Reisegemeinschaft, der auch der Unterwelt, das heißt, dem Reich der Materie, dem praktischen Leben, angehört, ist Sam. Der treue Gehilfe auf der Reise, der sich immer zu helfen weiß. In ihm sehen wir ein Abbild der Leber, dem großen Alchemisten des Körpers. Sam sorgt für die Nahrung und weiß darüber so sparsam und so praktisch wie möglich zu verfügen. Wenn er nur genug Essen und Trinken und Schlaf bekommt, kann er sehr lange durchhalten.

In der Leber wohnt die Lebenskraft und darin die Notreserve, dargestellt in der Dose mit Zauberstaub und dem einen Samenkorn, das Sam von Galadriel erhält, und das ihm hilft, das verwüstete Auenland von neuem und schöner denn je erstehen zu lassen. So, wie die Leber einen durch schwere Krankheit niedergeworfenen menschlichen Körper wieder zum Aufblühen bringt! Sam ist es, der das Auenland wiederherstellt und zu neuem Leben verhilft, der die Hobbitbevölkerung als Bürgermeister väterlich leitet und der es während der Reise möglich gemacht hat, daß der einseitig geistig eingestellte Frodo die Aufgabe vollbringt, die ihm auferlegt worden war. Sam, der sich von Anfang an danach sehnt, den Elben zu begegnen, bildet den Gegenpol zu Legolas. Der Elb Legolas brauchte sich nicht um stoffliche Belange zu kümmern.

Es formen Gimli, Boromir und Sam den materiellen und praktischen Untergrund des irdischen Daseins, das sich im Unterleib des Menschen und in den Wurzeln des Baumes Yggdrasil widerspiegelt. Sie kämpfen tapfer und leidenschaftlich im Krieg zwischen Gondor und Mordor. Gondor, Sinnbild des Willens, die Urkraft in sieben Stufen zu erheben; Mordor, das Abbild der Begierde, die die Kraft für den Genuß und der Zerstörung verbraucht (Venus und Mars). In Gondor sowie in Mordor wurde ein Palantir, ein Sehstein für die Ferne, aufbewahrt und benutzt. Er stellt die niederen hellseherischen Fähigkeiten dar, eine Gefahr für jene, die noch kein starkes Ich auskristallisiert haben, wie der Statthalter Denethor.

Im menschlichen Körper sind wir nun direkt unter dem Zwerchfell, bei den Eingeweiden, angekommen. Dort liegt von altersher die Grenze zwischen Unter- und Oberkörper, zwischen Gondor und Anor. Die große Schlagader des Körpers verbindet die Reiche wie der große Fluß Anduin.

Orthanc

Dort, wo die Nahrung verdaut und in eigene Kraft umgesetzt wird, ist das geheimnisvolle Laboratorium von *Orthanc.* Einst war es dort sehr schön, als der kluge Saruman noch ein weißer Magier war. Später, als er schwarz wurde, gebrauchte er seine Zauberkunst, um Menschen mit Orks zu kreuzen, um schließlich die abscheulichen streitbaren Kampfhähne, die Uruk-Hai, zu bekommen. Das ist nun gerade das, was in den Därmen vor sich geht: dort wird entweder durch einen richtigen Abbau der Speise gute Nahrung für den Körper erzeugt oder es entstehen aus dem aufgenommenen Essen durch Gährung und Verwesung feindliche Gifte. Es kommt nur darauf an, welche Einstellung der Essende hat: folgt er seinem Instinkt und lehnt also die nicht passende Nahrung ab, oder ißt er um zu essen und verdirbt sich auf diese Weise seine Gesundheit! Die des Unterleibs, als auch die des Oberkörpers.

An Orthanc und der Leber vorbeigehend, kommen wir zum mittleren Teil von Mittelerde, im körperlichen Bereich, sowie im Bereich des Baumes. Hier finden wir auch die mittlere Gruppe der Reisegemeinschaft wieder: die Hobbits, Merry, Pippin und Frodo.

Merry

Wir kommen nun zu der großen Kraftzentrale, von wo aus der ganze Unterkörper ernährt wird: der *Solarplexus.*

Dort wohnt Merry, der reiche Hobbit, später Meriadoc der Glänzende genannt, der rauschende Feste gibt.

Pippin

Darauf folgt der spontane Pippin, der mutige, aber oft übereilte Tuk. Er wollte unbedingt mit auf die Reise kommen, er konnte seine Busenfreunde nicht im Stich lassen. Sein Platz ist beim Herzen, beim Plexus Cardiacus und der *Thymusdrüse,* im Ätherleib ist es der Transformator Anahata. Hier befinden sich der Wille, der Mut und die Liebe und die Fähigkeit, glücklich zu sein. Vielleicht wäre es treffender, wenn Merry und Pippin ihre Plätze tauschten: weil Merry so mutig den Fürsten der Ringgeister bekämpft und Pippins Neugierde mehr zum Sonnengeflecht gehört, wo so vieles hinein und hinausgeht. Beide treten in den Ritterdienst.

Wetterspitze

Hier beim Herzen liegt die *Wetterspitze*, einst eine mächtige Festung, jetzt eine Ruine. Hier greifen die Schwarzen Reiter zum ersten Mal die arglosen Hobbits an. Ein Angriff auf das Herz ist etwas Abscheuliches, weil man lebenslänglich eine Narbe in der Seele davonträgt, wie Frodo.

Frodo

Wenn man Frodo, den Träger des Ringes neben Gandalf und Aragorn, den Hauptpersonen der Gemeinschaft, betrachtet, ist er äußerlich der Schwächste. Er ist ein Stubengelehrter, der sich gern in Chroniken und in die Elbensprache vertiefte, dem Abenteuer und Gefahren abhold waren. Ein Gewissensmensch, der den ihm gegebenen Auftrag annahm, weil das wohl so sein mußte, persönlich ohne jede Ahnung, wie er es bewerkstelligen sollte. Der innere Adel des nach innen gerichteten Denkers, der sich objektiv als eine Figur in einem Prozeß beobachten kann. Ein Licht schien durch ihn hindurch, das er aufgenommen hatte, als er in der höheren Welt des weißen Lichtes verweilte. Frodo ist der *Lunge* zugehörig, die den Sauerstoff für das Denken einsaugt und zur *Hylus*, der Lungendrüse. Wenn in einem Körper die Geschlechtsdrüsen bei übermäßigen Geschlechtsgenuß erschöpft werden, springt die Hylus ein und gibt der besagten Körperzone von ihrer Kraft. Das bewirkt eine Schwächung der Drüse, und weil sie den Kraftquell der Lunge darstellt, ist oft Schwindsucht die Folge davon. Als Boromir die Kraft von Frodos Ring stiehlt, ist Frodo zum Untergang verurteilt. Das Unheil wird noch gerade von Gandalf aus der Ferne abgewendet!

Hier in der Mitte des Menschen wohnt das Gefühl (Venus). Die Freundestreue. Die Bildung und die Kultur.

Annuminas

Wir haben uns nun Annuminas genähert, einst die Hauptstadt des nördlichen Reiches Anor, dessen silbernes Zepter und Krone in Rivendel aufbewahrt wurden. Die Krone, die das Banner mit dem weißen Baum zierte, wurde von Arwen in glänzendem Mithril gestickt. Aber die Krone setzte Aragorn nicht auf, solange er noch nicht mit Arwen vermählt war, die Pole also noch nicht vereint waren.

Das silbere Zepter ist das Bild der sublimierten Triebkraft. Und ein Mensch kann erst König sein, wenn Geist und Seele Eins sind.

Legolas

Nun kommen wir zur Krone des weißen Baumes am Hals des Körpers. Hier in der Kehle bei der Schilddrüse (Venus) liegt die Fähigkeit zum Sprechen und zum Singen, und im Ätherleib befindet sich dort der Transformator Vishudda. Das schöpferische Wort, die Zaubersprache, die die Struktur der Materie bestimmen kann, kommt hier zum Vorschein. Der Gesang, der den Menschen zum Himmel entrückt. Die Kraft des Geistes, die bezeugt und bekehrt. Eine heilige Pforte, wo Engel ein- und ausgehen.

Hier stehen wir am Fuße des heiligen Berges, am Kopf, wo die höchsten menschlichen Möglichkeiten liegen. Hier weht der Wind des Geistes durch die Krone von Yggdrasil, hier rauschen die Gedanken.

Legolas, der leichtfüßige Elb, der keinen Schlaf braucht und dessen Blick endlos weit in die Ferne geht, ist hier zu Hause. Von der Materie beinahe erlöst, schwebt sein Fuß über die Erdoberfläche, vom Heimweh aufgenommen, durch Hoffnung erleuchtet.

Aragorn

Mit schweren Schritten vor sich hin schreitend, steigt *Aragorn* den Hügel hinan, belastet mit seinem menschlichen Ich, den verborgenen Stern auf der Stirn. Denn hier bei der Nasenwurzel, wo man gerade auf das Arbeitsfeld der Welt hinausschaut, wohnt das Ich bei dem Transformator Ajna im Körper. Mühsam trägt er die volle Verantwortung für sich und das Schicksal der anderen. Als gewöhnlicher Sterblicher muß er seine Aufgabe rechtzeitig vollbringen.

Gandalf

Und ganz nahe vor ihm geht *Gandalf*, der geheime Führer der Aufgabe und der Reise, der mit keinem seine Pläne teilen kann, weil er sich nach anderen Gesetzmäßigkeiten richtet, als seine Freunde. Gandalf befindet sich mit seinem Freund dem Adler auf der Spitze der Baumkrone, auf der heiligen Höhe der Epiphyse, die sich aufrichtete, als Gandalf zum letzten Mal geprüft wurde.

Er ist es, der das Leben von unten herauf durch den Stamm des Lebensbaumes bis zu seiner Spitze getragen hat. Er ist es auch, der dort bei der Sahasrara die weißen Blumen des Wissens sich entfalten sieht, nachdem er Aragorn zu der Stelle auf dem Hügel geleitet hat, wo der junge Sproß des weißen Baumes aus dem Schnee herausragte. Aragorn muß ihn mit seiner lebengebenden Königshand verpflanzen. Gandalf dient dem höheren Wissen, seine Durchsagen empfangend. Aragorn setzt es in eine weise Führung seines Volkes um, da er jetzt König Elessar geworden ist.

Nun blüht nicht nur der weiße Baum auf dem Banner von Gondor von neuem auf, mit den sieben Sternen aus Adamant, sondern auch der hoch im Garten des Königs lebende Baum, in dessen Krone die lebenden Sterne in der Frühjahrsnacht funkeln; die schaffenden Gedanken aus den erleuchteten Zellen in der Krone des gewundenen Gehirns, wo der Denkpol, der fortwährend vom Lebenssaft des unteren Poles ernährt wird, durch einen lebendigen Kreislauf mit dem Lebenspol zu einem geschlossenen System verbunden ist. Nun sind Zeit und Raum wieder eins: die lange Reise und das große Land Mittelerde: zwei Formen eines Musters, das sich in der Gesellschaft widerspiegelt und das jeder Mensch in sich mitträgt. Verschwunden sind die neun Ringgeister, die Reste der abwärts führenden Fähigkeiten aus der Urzeit. Aber die Gegenspieler sind lebendig: die von neuem in Kampf und Prüfung erworbenen höheren Fähigkeiten, die Erhellten, die die Sinneswerkzeuge vervollständigen.

Neun weiße Blüten an dem aufgeblühten Baum.

Das verzauberte Land Tolkiens: Irland

Wer die Atmosphäre von Mittelerde selbst erleben will, muß Irland durchwandern. Der Autor Tolkien verbrachte dort einige seiner Kinderjahre und hat in seinen Büchern diese Landschaften, die Stimmung und die Tradition des Volkes beschrieben. So wie damals in ferner Vergangenheit die Barden dort von Burg zu Burg mit ihrer Harfe und ihrem großen Gedächtnis voller Balladen über Heldentaten, Ränke und Kriege, Liebe und Wehmut, umherzogen, so kommen die Iren immer noch zueinander, wie auf ihren Ballad Sessions, manchmal in den Überbleibseln eines alten Schlosses (z.B. Bunratty Castle, in der Nähe des Flugplatzes Shannon), um dort gemeinsam zu singen und zu spielen. Ihre prächtigen Naturstimmen hallen unter dem hohen Gewölbe neben dem Kaminfeuer wider. Dann denken wir an die Säle der alten Königsburgen, wie Emain Macha, an Deirdre und an die Söhne von Usnach und an Gesang und Harfenspiel der Elben im großen Saal von Rivendel.

Wer durch die eintönigen endlosen Hochmoorflächen wandert, wo hier und dort etwas Torf abgegraben wird, fühlt sich wie der Reisegefährte, der sich durch Wind und Regen unter den dahinjagenden Wolken vorwärtskämpft, eingehüllt in den wärmenden Elbenmantel – um dann plötzlich, dem Pfad folgend, unerwartet an einen Abhang geraten, wo der Weg steil abwärts in ein anmutiges grünes Tal führt, wo eine uralte graue Kirche zwischen keltischen Kreuzen sich hinter grünenden Buchen versteckt, und wo aus einem weißen Häuschen freundlich eine Rauchfahne emporkräuselt: das erste wohnliche Haus nach der kahlen Einsamkeit! Das Tal von Rivendel! (z.B. auf der Hochfläche von Sally Gap an der Ostküste.) Ja, man kann dort auch den alten Wald erleben, wo uralte , durch den Sturm gefällte Bäume unangetastet liegenbleiben, denn die Iren lassen Bäume wie auch Häuser gern ihres natürlichen Todes sterben. Man darf eine Ruine nicht abreißen, selbst die Steine eines eingestürzten Hauses nicht für einen Neubau wiederverwenden. Dadurch ist das Land von verfallenen Häusern und Burgruinen übersät. Im Wald tragen die Bäume ein moosiges Fell, das in Bärten von ihren Zweigen herabhängt und in den Moospolstern wachsen wiederum Baumfarne: man begegnet Baumbart! Ein Bächlein plätschert über Steine unter den dicht belaubten Zweigen hindurch, und unter den Bäumen ist an sonnigen Plätzen der Boden von goldenen Sternen des Scharbockskrautes übersät: Elanor! Und die blassen Anemonen: Nefretil! Dazu die blauen Waldhyazinthen: die Blauglöckchen. Ein richtiger Wald, durch den sich die Weidenwinde schlängelt und wo man immer wieder einem bärtigen Weidenmann begegnet. Man würde sich nicht wundern, hier den singenden Tom Bombadil zwischen Birkenbäumen anzutreffen (z.B. im Staatsforst bei Glengariff an der Bantry Bay).

Auch Hobbingen und Wasserau, wie Tolkien sie selbst gezeichnet hat (siehe den Kalender mit seinen Zeichnungen), kann man dort finden: aus einer grünen Allee tretend, trifft man auf kleine weiße, unter Reetdächern versteckte Häuschen, aus denen der Rauch des Torffeuers emporkräuselt, wo ein Kalb und einige Hühner im Schlamm scharren und eine Katze sich auf einem Mäuerchen sonnt. Stille. Sonne. Hinter den Häuschen führt der Bergabhang empor, übersät mit Schafen und in größeren Flächen mit üppigem goldgelbblühendem Stechginster bewachsen, dem stacheligen Strauchgewächs, unter dem Frodo und Sam oft Schutz für eine Nachtruhe suchten.

Man erlebt sogar einen Anflug von Lothlorien im schattenreichen Avocavalley (im Südwesten von Dublin), das zu den stillen hochgelegenen Seen von Gwendalough führt, wo einst ein Kloster mit geschichtsschreibenden Mönchen stand. Zwei Flüßchen fließen hinunter und vereinigen sich an einem Punkt (the meeting of the waters), es ist als ob man die liebliche Stimme Nimrodels rauschen hörte. Von Gwendalough aufwärts gelangt man wieder auf eine einsame Hochebene, und im kahlen Gebirge erwartet man Moria.

Auch der gefährliche Bergpass fehlt nicht, von dem man das entfernte Meer sehen kann. Und man kann das Heimweh von Legolas nachempfinden, wenn man an der einsamen Felsenküste entlanggeht, allein mit dem Wind, den Wellen und den kreischenden Möwen. Überall ist das Meer anwesend; auf der Halbinsel, von hoch auf den Bergen aus, kann man manchmal auf beiden Seiten das Meer sehen. Nach den letzten Fischerhäusern befindet sich am Ufer nichts mehr. Nur das Licht spiegelt sich im Wasser. Hier ist es dunkelblau, etwas weiter silbern, und in der Ferne zaubert die Sonne einen leuchtenden Fleck auf das Meer. Dort wird das weiße Elbenschiff von den grauen Anfurten in See stechen.

Bläulich sind die Berge an der gegenüberliegenden Seite der Bucht. Ein Schiff ist in die Stille hineingefahren. Fährt es? Liegt es still? Es scheint wie verzaubert. Wo sollte es auch hinwollen? Nichts hat hier ein Ziel. Zeit ist machtlos. Das Elbenreich ist nahe. Oder sind wir schon darinnen? Im blauen Hauch der Stille fühlt man Anwesenheit.

Fragt man einen freundlichen Bauern im Inland, ob er eine *faeryrath*, eine Elbenburg kennt, dann forscht er zunächst danach, ob man daran glaubt? Ja? Etwas weiter dort ist eine, wenn man links eine Kirche sieht, dann ist die *faeryrath* rechts. Und jawohl: hoch auf dem Hügel befindet sich ein Kreis von Bäumen, worinnen die Elben wohnen. Seit Jahrhunderten ist dort kein Mensch hineingegangen. Die seltsamsten Pflanzen strecken sich dort noch zum Leben. Mein Großvater, erzählte uns eine Bauernfrau, hat dort noch eine *Faery* gesehen: sie saß auf einem Stein mit lang wehendem Haar.

In einem Dorf dort in der Nähe blieb ein junger Mann von Zuhause fort. Nach einer Woche kam er als ein altes Männlein zurück. Man hatte es wohl verstanden: er war bei den Elben gewesen. Kurze Zeit darauf starb er. Sein Lebensfaden war von den Elben schneller abgewickelt worden: achtzig Jahre in einer Woche.

Daß es dort keine Zeit gibt, wie in Lothlorien, kann man empfinden. Die Menschen kennen keine Eile, lächeln still bei ihrer Arbeit vor sich hin. Die dürre Heide liegt unter der Sonne, die Berge blau in der Ferne. Die Schafe, die frei herumlaufen, suchen nach etwas Grünem am murmelnden Flüßchen entlang, das sich durch die Steine hindurchschlängelt. Sonne. Stille. Schafe, in dicke daunige Vliese gehüllt, mit ihren wolligen Lämmern. Duftender goldgelber Stechginster, nur so, zur Ehre Gottes blühend.

Der Hügel von Tara (nördlich von Dublin). Die Grabhügel (mounds), in denen man noch einen uralten Runenstein erkennen kann, in dem eine Spirale eingeritzt ist. Ebenso verläuft ja auch das Leben, in Spiralen und Lemniskaten, ohne Ende: aus dem Ende entspringt der Anfang, der wiederum zum Ende eilt, um von neuem Anfang zu werden.

Ein großer mit Gras bewachsener Erdwall, darinnen ein Schild: *The king's seat.* Daneben befindet sich ein anderer Wall, auf dem noch ein Hinkelstein, das Symbol der Lebenskraft, steht. Dort wurde der König gekrönt, der High King, Fürst über fünf oder sieben kleinere Könige. Dort draußen, auf dem grünen Gras. Wir sehen Aragorn auf dem grünen Feld des Pelennor, wo er zum König Elessar gekrönt wurde.

Die Krähen – ist vielleicht der Rabe Roac unter ihnen? – krächzen in den Bäumen des Friedhofs nebenan, wo eine Kirche steht, die dem heiligen St. Patrick geweiht ist. Es regnet und weht und es erscheint noch niemand auf dem Hügel von Tara, dem heiligen Ort.

Sogar vielen altirischen Namen und Wörtern auf gälisch, der alten Sprache der Druiden, denen man im Buch begegnet, kann man hier antreffen. Rath – läßt an Rath Din denken, die Burg der toten Könige. Hier heißen viele Orte Rath (Burg): Rath-drum, Rath-new, Rath-dangan. Auch Carrock entdeckt man wieder: Carrick. Ist der Shannon der große Fluß, der zum Meer eilt? Auf Begräbnisstätten, bei Kirchenruinen oder im Feld stehen gewaltige keltische Kreuze: ein Kreis hinter dem Andreaskreuz: Geist und Materie in einem: der Mensch. Und darauf sind Verzierungen oder wirksame Zeichen eingemeißelt: stets als Flechtwerk, sich schließende Schleifen, ohne Anfang noch Ende. Dies hebt die Zeit auf und nimmt die Furcht vor dem Tod. Ich werde wiederkehren, zurück in meinen eigenen Stamm, meinen Tuath.

Das Leben verläuft im Kreise, der durch Inkarnationen und Exkarnationen führt, der Weg geht endlos weiter – das Lied von Bilbo. Man erfährt in diesem Land Irland, was den Reisenden dort festhält. Man bleibt darin gefangen. Viele aus Europa und Amerika bleiben dort, kaufen ein Häuschen im Banne dieses bezaubernden Landes. Im Banne des Ringes. Denn überall befinden sich Ringe: im Kreise verlaufende Wege, wie der Ring von Kerry und auf einer anderen Halbinsel: der Ring von Bearna. So ein Weg führt über die felsige Küste, hoch über dem Meer und wieder hinunter direkt am Wasser entlang, mit seinen Farb- und Schattenspielen. Dann geht es wieder über einen einsamen Paß oder durch grüne Alleen voller Schlehdornblüten, ein freundliches Dörfchen, dann wieder an einem ernsten Tannenwald entlang, um einen dunklen See herum. Aber man kommt nicht heraus! Endlich: ein Richtungsschild. Was steht darauf? Zur einen Seite: Ring of Bearna. Zur anderen Seite: Ring of Bearna. Auf diese Weise wird man immer wieder im Zauberring der Elbenfrau gefangen. Sogar in den Städten befinden sich kreisförmige Straßenverläufe.

Das verzauberte Reich von Galadriel.

Von neuem erlebt man dieses Buch in seiner ganzen Aktualität. Denn Mordor ist nicht weit und Saruman schon dabei, die Bäume im Auenland umhacken zu lassen. Bei Bantry an der schönen Südküste siedelt sich die petrochemische Industrie an – Irland ist Mitglied der EG geworden: Saurons Verschwörung. Oh, Dana, weiße Göttin, die du dieses Land so oft mit deinem weißen wollenen Wolkenmantel bedeckst, beschütze es! Laßt Euer Volk stark werden gegen die Verführung des Geldes und des Besitzes. Nichts kann jemals den Reichtum Eurer Schönheit aufwiegen.